VI MESTRER KUNSTEN AT LAVE PASTA I EN STEGEPANDE

100 lækre pastaretter, én pande, uden besvær

SOFIA LUNDQVIST

Copyright materiale ©2023

Alle rettigheder forbeholdes

Ingen del af denne bog må bruges eller transmitteres i nogen form eller på nogen måde uden korrekt skriftligt samtykke fra udgiveren og copyright-indehaveren, bortset fra korte citater brugt i en anmeldelse. Denne bog bør ikke betragtes som en erstatning for medicinsk, juridisk eller anden professionel rådgivning.

INDHOLDSFORTEGNELSE

INDHOLDSFORTEGNELSE **3**
INTRODUKTION **7**
FUSILI PASTA **8**
   1. Krydret Veggie Pasta Bage 9
   2. Hvidløg-svampe-fusilli med pæresalat 11
   3. Grillet Veggie Fusilli Pasta Salat 13
   4. Saucy Cheddar Fusilli Salat 15
   5. Crimini Pasta Bag 17
   6. Fusilli med soltørrede tomater 19
   7. One-Skillet hakkebøf og pasta 21
   8. En-potte kylling Fusilli 23
   9. One-Pot Kylling & Veggie Fusilli 25
PENNE PASTA **27**
   10. Citronkylling Penne Pasta 28
   11. Frikadeller med tre oste Mostaccioli 30
   12. Pasta med røget laks 32
   13. Penne alla vodka 34
   14. Nutty Chicken Pasta 36
   15. Penne Beef Bake 38
   16. Osteagtig kyllingecremepasta 40
   17. Bagt penne med kalkunfrikadeller 42
   18. Klassisk Penne Pasta 44
ROTINI PASTA **46**
   19. Reje- og cherrytomatpastasalat 47
   20. Frisk citronpasta 50
   21. Osteagtig Pepperoni Rotini salat 52
   22. Cremet tomat Rotini Pasta i én gryde 54
   23. Saucy oksekødsrotini i en enkelt gryde 56
   24. Kylling og Broccoli Rotini i en enkelt gryde 58
   25. Rotini med én pande med tomatflødesauce 60
   26. Parmesan Rotini stegepande 62
   27. En-Pande Kylling Rotini 64
JUMBO SKALLER **66**
   28. Italienske pølsefyldte skaller 67
   29. Spinat og tre-oste fyldte skaller 70

30. Dekadente spinatfyldte skaller 72
31. Hvidløgsfyldte jumbopastaskaller 74
32. Komfur fyldte pastaskaller 77
33. Vegetarisk stegepande fyldte skaller 79
34. Tacofyldte pastaskaller 82
35. Sommerfyldte Skaller 84

LINGUINE PASTA **87**
36. Romano Linguine Pasta Salat 88
37. Citron Ricotta Pasta med kikærter 90
38. Rejer Carbonara 93
39. Linguine og Muslingesauce 96

ENGELHÅR PASTA **98**
40. One-Skillet Pasta 99
41. Angel Hair Shrimp Bake 101
42. Rejer Scampi Skillet 103

GNOCCHI **105**
43. Cremet kylling med én pande og gnocchi 106
44. Gnocchi med urtepesto 108
45. Salvie og Mascarpone Gnocchi 110

FETTUCINI **113**
46. Klassisk Alfredo 114
47. Crimini Pasta Bage 116
48. Hvidløg Parmesan Pasta i en gryde 118
49. En-pot kylling Bacon Fettuccine Alfredo 120
50. Svampefettuccine 122

RIGATONI PASTA **124**
51. Romano Rigatoni gryderet 125
52. Vegansk Rigatoni Basilikum 127

ALBUUE MACARONI **129**
53. BLT Pasta Salat 130
54. Spinat og artiskok mac-and-cheese 132
55. Chili Mac-gryde 134

ZITI PASTA **136**
56. Bagt Ziti 137
57. Provolone Ziti Bage 139
58. Oksekød Ziti gryderet 141
59. Bagt Ziti 143

60. Ziti Pølsebag 145
SPAGHETTI PASTA **147**
   61. Pesto rejer med pasta 148
   62. Tunpasta 150
   63. Sunny Hot Spaghetti 152
   64. Spaghetti Bolognese Skillet Bage 154
   65. Kammuslinger med Spaghetti 157
   66. Sunny Hot Spaghetti 159
   67. Kylling Tetrazzini 161
   68. Bagte rigatoni og frikadeller 163
   69. Hurtig spaghettigryde 165
   70. Nem Spaghetti 167
   71. Rejer Lo Mein 169
   72. Kylling Tetrazzini 171
   73. Pasta pølsegryde 173
   74. Kyllingepasta 175
   75. Pasta alla Norma Skillet Bake 178
   76. Ziti og Spaghetti med Pølse 181
BUCATINI PASTA **183**
   77. En-Pan Bucatini med Porrer og Citron 184
   78. Tomat Burrata Pasta 186
   79. Citronbasilikumpasta med rosenkål 188
   80. En-potte cremet majs bucatini 190
ORZO **192**
   81. Parmesan Orzo 193
   82. Minty Feta og Orzo Salat 195
   83. En-pot tomat Orzo 197
   84. Kylling Orzo Skillet 199
   85. Orzo og Portobello gryderet 201
   86. En-Pande Orzo Med Spinat og Feta 203
FARFALLE/SLØSLETT **205**
   87. Pasta Rustica 206
   88. Crème Fraiche Kyllingepasta 208
   89. Kyllingemørder og Farfallesalat 210
   90. Makaroni Seafood Salat 212
   91. Butternut and Chard Pasta Bage 214
LASAGNA **216**

92. Spansk Lasagne 217
93. Græskar- og salvielasagne med fontina 219
94. Loaded Pasta Shells Lasagne 222
95. Kyllinglasagne 224
96. Sydvestlig Lasagne 226
97. Klassisk Lasagne 228
98. Saucy Lasagne 230
99. Ratatouille lasagne 232
100. Pepperoni Lasagne 235
101. Slow Cooker Lasagne 237
KONKLUSION **239**

INTRODUKTION

Velkommen til "Vi mestrer kunsten at lave pasta i en stegepande", en kulinarisk rejse, der vil forvandle din madlavningsoplevelse og gøre den enklere, mere praktisk og uden besvær. Pastaretter med én pande er blevet en elsket trend i madlavningens verden, og i denne kogebog inviterer vi dig til at mestre kunsten at skabe lækre pastaretter med kun én pande.

Vores rejse gennem pastatilberedning med én gryde vil introducere dig til enkelhedens elegance. Uanset om du er en erfaren hjemmekok eller ny i køkkenet, er denne bog din guide til at skabe 100 lækre pastaretter med minimal oprydning og maksimal smag. Vi vil udforske de teknikker, ingredienser og metoder, der gør madlavning af pasta med én gryde til en kulinarisk revolution.

Mens vi begiver os ud på dette problemfri eventyr, skal du forberede dig på at låse op for hemmelighederne ved at mestre pasta i en gryde. Fra klassiske italienske favoritter til innovative og kreative opskrifter, vil du opdage glæden ved at lave mad med lethed, mens du nyder læskende pastaretter. Lad os dykke ned i "Vi mestrer kunsten at lave pasta i en stegepande" og forenkle din kulinariske oplevelse, en pande ad gangen.

FUSILI PASTA

1.Krydret Veggie Pasta Bage

Giver: 6 portioner

INGREDIENSER:
- 3 kopper ukogt spiralpasta som fusili
- 1 mellemgul sommersquash
- 1 lille zucchini
- 1 medium sød rød peber
- 1 mellemstor grøn peber
- 1 spsk olivenolie
- 1 lille rødløg, halveret og skåret i skiver
- 1 kop friske champignon i skiver
- 1/2 tsk salt
- 1/4 tsk peber
- 1/4 tsk knuste røde peberflager
- 1 krukke (24 ounce) krydret marinara sauce
- 8 ounce friske mozzarellaostperler
- Revet parmesanost og julienned frisk basilikum, valgfrit

INSTRUKTIONER:

a) Forvarm ovnen til 375°. Kog pasta i henhold til pakkens anvisninger for al dente; dræne.

b) Skær squash og peberfrugt i 1/4-in. julienne strimler. I en 12-in. støbejern eller andet ovnfast stegepande, varm olie op ved middelhøj varme. Tilsæt løg, svampe og grøntsager i julien; kog og rør, indtil de er sprøde, møre, 5-7 minutter.

c) Rør krydderier i. Tilføj marinara sauce og pasta; kast at kombinere. Top med osteperler.

d) Overfør til ovnen; bages uden låg, indtil osten er smeltet, 10-15 minutter. Drys eventuelt med parmesanost og basilikum inden servering.

2.Hvidløg-svampe-fusilli med pæresalat

Gør: 2

INGREDIENSER:
- 1 brunt løg
- 2 fed hvidløg
- 1 pakke champignon i skiver
- 1 pose hvidløg & krydderurter
- 1 pakke let madlavningsfløde (indeholder mælk)
- 1 pose kyllingebouillonpulver
- 1 pakke fusilli (indeholder gluten; kan være til stede: æg, soja)
- 1 pære
- 1 pose blandede salatblade
- 1 pakke parmesanost (indeholder mælk)
- Olivenolie
- 1,75 kopper kogende vand
- Et skvæt eddike (balsamico eller hvidvin)

INSTRUKTIONER:
a) Kog kedlen. Hak det brune løg og hvidløg fint. Varm en stor gryde op over medium-høj varme med et godt skvæt olivenolie. Kog de skivede svampe og løg, rør af og til, indtil de lige er bløde, hvilket tager cirka 6-8 minutter. Tilsæt hvidløg, hvidløg og krydderurter, og kog indtil dufter i cirka 1 minut.

b) Tilsæt den lette madlavningsfløde, kogende vand (1 3/4 kopper til 2 personer), kyllingebouillonpulver og fusilli. Rør for at kombinere og bring det i kog. Reducer varmen til medium, dæk med låg, og kog under omrøring af og til, indtil pastaen er 'al dente', hvilket tager omkring 11 minutter. Rør revet parmesanost igennem og smag til med salt og peber.

c) Mens pastaen koger, skæres pæren i tynde skiver. Tilsæt et skvæt eddike og olivenolie i en mellemstor skål. Top dressingen med blandede salatblade og pære. Krydr og vend for at kombinere.

d) Fordel den cremede champignonfusilli i en gryde mellem skåle. Server med pæresalaten. Nyd dit lækre måltid!

3.Grillet Veggie Fusilli Pasta Salat

Gør: 8-10
INGREDIENSER:
PASTASALAT
- 1 pund fusilli
- 2 kopper grillet rød og gul peberfrugt i tern
- 2 kopper halverede cherrytomater
- 2 kopper grillet løg i tern
- 2 kopper rødvinsvinaigrette

RØDVIN VINAIGRETE
- 1 kop ekstra jomfru olivenolie
- ⅓ rødvinseddike
- 2 spsk vand
- 4 fed hvidløg, fint revet
- 2 tsk dijonsennep
- 2 tsk tørret oregano
- 2 tsk granuleret løg
- 1 knivspids knuste chiliflager
- 2 tsk kosher salt
- 1 tsk friskkværnet sort peber
- 2 spsk honning

INSTRUKTIONER
RØDVIN VINAIGRETE:
a) Kom alle ingredienserne i en beholder med tætsluttende låg.
b) Ryst godt og opbevar i køleskabet indtil det skal bruges.

PASTASALAT
c) Tilbered pasta som anvist på pakken.
d) Efter tilberedning skal du si fusillien og afkøle den i koldt vand for at stoppe tilberedningen.
e) Kom pastaen over i en stor skål og bland de resterende ingredienser i.
f) Bland grundigt og lad det stå natten over.

4.Saucy Cheddar Fusilli salat

Gør: 10
INGREDIENSER:
- 2 spsk olivenolie
- 6 grønne løg, hakket
- 1 tsk salt
- 3/4 C. hakket syltede jalapenopeber
- 1 (16 oz.) pakke fusilli pasta
- 1 (2,25 oz.) dåse skiver sorte oliven
- 2 lb. ekstra magert hakkebøf
- (valgfri)
- 1 (1,25 oz.) pakke tacokrydderiblanding
- 1 (8 oz.) pakke strimlet cheddar
- 1 (24 oz.) krukke mild salsa
- ost
- 1 (8 oz.) flaske ranchdressing
- 1 1/2 rød peberfrugt, hakket

INSTRUKTIONER:

a) Stil en stor gryde over medium varme. Fyld den med vand og rør olivenolien med salt i det.

b) Kog det til det begynder at koge.

c) Tilsæt pastaen og kog den i 10 min. Fjern det fra vandet og læg det til side for at dræne det.

d) Stil en stor pande over medium varme. Brun deri oksekødet i 12 min. Kassér det overskydende fedt.

e) Tilsæt tacokrydderierne og bland dem godt. Læg blandingen til side for at miste varmen helt.

f) Få en stor røreskål: Bland salsa, ranchdressing, peberfrugt, grønne løg, jalapenos og sorte oliven i den.

g) Tilsæt pastaen med kogt oksekød, cheddarost og dressingblanding. Rør dem godt rundt. Læg et stykke plastfolie over salatskålen. Stil den i køleskabet i 1 t 15 min.

5. Crimini Pasta Bag

Gør: 6
INGREDIENSER:
- 8 timer crimini svampe
- 1/3 kop parmesanost, revet
- 1 kop broccolibuket
- 3 spiseskefulde herbes de provence
- 1 kop spinat, frisk blad, tæt pakket
- 2 spsk ekstra jomfru olivenolie
- 2 røde peberfrugter, i julien
- 1 spsk salt
- 1 stort løg, hakket
- 1/2 spsk peber
- 1 kop mozzarellaost, revet
- 1 kop tomatsauce
- 2/3 lb. pasta

INSTRUKTIONER:

a) Inden du gør noget, skal du indstille ovnen til 450 F. Smør en ildfast fad med olie eller madlavningsspray.

b) Få en stor røreskål: Smid svampe, broccoli, spinat, peber og løg i den.

c) Tilsæt 1 spsk olivenolie, salt, peber og vend dem igen.

d) Fordel grøntsagerne i det smurte fad og steg det i ovnen i 10 minutter.

e) Kog pastaen, indtil den bliver dente. Dræn pastaen og stil den til side.

f) Få en stor røreskål: Bland 1 spsk olivenolie med bagte grøntsager, pasta, urter og mozzarellaost. Fordel blandingen tilbage i ildfast faden.

g) Drys osten ovenpå og kog den i 20 minutter. Server den lun og nyd.

6.Fusilli med soltørrede tomater

Gør: 6
INGREDIENSER:
- 8 ounces Fusilli eller Rotelle med grøntsagssmag
- 1 spiseskefuld jomfruolivenolie
- 1/2 tsk Hot Pepper Flakes
- 2 store hvidløgsfed, hakket
- 2 grønne løg, hakket
- 2 spsk soltørrede tomater, hakket
- 1 spiseskefuld hakket ingefærrod
- 1 spiseskefuld revet appelsinskal
- 1 spiseskefuld tomatpure
- 1/2 kop italienske blommetomater på dåse, drænet og hakket
- 1/4 kop kylling bouillon
- Salt og peber efter smag
- 2 spsk hakket purløg
- 1 tsk sesamolie

INSTRUKTIONER:
a) Start med at bringe en stor gryde vand i kog. Kog pastaen, indtil den når en al dente tekstur, normalt 8 til 10 minutter. Dræn derefter pastaen i et dørslag og stil den til side.
b) Opvarm jomfruolivenolie i en stor non-stick stegepande. Tilsæt de varme peberflager, hakket hvidløg, hakkede grønne løg, soltørrede tomater, ingefærrod og revet appelsinskal. Steg denne blanding i cirka et minut.
c) Tilsæt den kogte pasta til gryden og steg i yderligere et minut.
d) Inkorporer tomatpuré, hakkede blommetomater, hønsebouillon, salt og peber. Bland alle ingredienserne grundigt og kog til det hele er gennemvarmet.
e) Som afslutning pyntes retten med hakket purløg og dryppes med sesamolie.
f) Nyd din smagfulde Fusilli med soltørrede tomater!

7. One-Skillet hakket oksekød og pasta

Gør: 4
INGREDIENSER:
- 1 spiseskefuld ekstra jomfru olivenolie
- 1 pund 90% magert hakkekød
- 8 ounce svampe, finthakkede eller pulserede
- 1/2 kop hakket løg
- 1 15-ounce dåse tomatsauce uden tilsat salt
- 1 kop vand
- 1 spiseskefuld Worcestershire sauce
- 1 tsk italiensk krydderi
- 3/4 tsk salt
- 1/2 tsk hvidløgspulver
- 8 ounce helhvede rotini eller fusilli
- 1/2 kop revet ekstra skarp cheddarost
- 1/4 kop hakket frisk basilikum til pynt

INSTRUKTIONER:
a) Begynd med at varme den ekstra jomfru olivenolie i en stor stegepande over medium varme. Tilsæt hakkebøffer, hakkede svampe og hakket løg. Kog og rør, indtil oksekødet ikke længere er lyserødt, og svampevæsken for det meste er fordampet, hvilket tager omkring 8 til 10 minutter.
b) Rør tomatsauce, vand, Worcestershire-sauce, italiensk krydderi, salt og hvidløgspulver i.
c) Kom pastaen i gryden og bring den i kog.
d) Dæk gryden til, reducer varmen, og kog under omrøring af og til, indtil pastaen er mør og det meste af væsken er absorberet. Dette tager typisk omkring 16 til 18 minutter.
e) Drys pastaen med den revne cheddarost, dæk gryden til, og fortsæt med at lave mad, indtil osten er smeltet, hvilket normalt tager 2 til 3 minutter.
f) Hvis det ønskes, pyntes retten med hakket frisk basilikum inden servering.
g) Nyd dit en-gryde hakkebøf og pastamåltid! Du er velkommen til at eksperimentere med forskellige ostevarianter som mozzarella, provolone eller Asiago for et unikt smags-twist.

8.En-potte kylling Fusilli

Gør: 4
INGREDIENSER:
- 2 spsk olivenolie
- 1 pund udbenet, skindfrit kyllingebryst i tern
- 3 fed hvidløg, hakket
- 1/2 tsk italiensk krydderi
- 1 karton kyllingebouillon
- 2 mellemstore tomater, hakkede
- 12 ounce ukogt fusilli pasta
- 1 mellemstor rød peberfrugt, skåret i tern
- 2 spsk revet parmesanost

INSTRUKTIONER:
a) I en stor gryde varmes olivenolien op over medium-høj varme. Tilsæt kyllingen i tern og steg i 5 minutter, under omrøring af og til, indtil den er brunet. Rør hakket hvidløg og italiensk krydderi i; kog og rør i 30 sekunder.
b) Rør hønsebouillon og hakkede tomater i; bland godt. Tilsæt fusilli-pastaen og bring den i kog. Reducer varmen til medium, og lad det koge forsigtigt, uden låg, under omrøring af og til i 8 minutter.
c) Rør de hakkede røde peberfrugter i. Kog i cirka 4 minutter, eller indtil pastaen og peberfrugten er møre, og kyllingen er gennemstegt. Rør den revne ost i.

9.One-Pot Kylling & Veggie Fusilli

Gør: 2
INGREDIENSER:
- 1 stilk selleri
- 1 gulerod
- 1 pakke kylling i tern
- 1 pakke fusilli
- 1 pose kyllingebouillonpulver
- 1/2 pakke fløde
- 1 pose babyspinatblade
- 1 pose persille
- 1 knivspids chiliflager (hvis du bruger)
- 1 pose Aussie krydderiblanding
- Olivenolie
- 2 kopper kogende vand

INSTRUKTIONER:

a) Start med at koge elkedlen. Hak sellerien fint og riv guleroden. Dette er et trin, hvor ældre børn under opsyn af voksne kan hjælpe med at rive guleroden.

b) I en stor gryde varmes et skvæt olivenolie op ved høj varme. Når olien er varm, tilberedes kyllingen i tern med en knivspids salt og peber, mens den røres af og til, indtil den er brunet og gennemstegt, hvilket tager omkring 5-6 minutter. Overfør kyllingen til en tallerken. Sæt gryden tilbage på medium-høj varme med endnu et skvæt olivenolie. Kog selleri og gulerod til de er møre, cirka 4-5 minutter.

c) Tilsæt Aussie-krydderiblandingen til gryden og kog indtil den er duftende, i cirka 1 minut. Tilsæt fusilli, kyllingebouillon, det kogende vand (2 kopper til 2 personer), og kom den kogte kylling tilbage i gryden under omrøring for at kombinere. Bring det i kog, og reducer derefter varmen til medium-lav. Dæk med låg og lad det simre under omrøring af og til, indtil fusillien er 'al dente', hvilket tager cirka 12-14 minutter. Tag låget af gryden, og rør derefter fløde og babyspinatblade i, og lad det simre, indtil blandingen er lidt tyknet, og spinaten er visnet, cirka 1-2 minutter. Smag rigeligt til med salt og peber.

d) Fordel den cremede kylling med en gryde og grøntsagsfusilli mellem skåle. Pynt med en knivspids chiliflager (hvis du bruger), og riv persillen over til servering. Nyd dit måltid!

e) For små kokke kan de sætte prikken over i'et og rive over persillen.

PENNE PASTA

10.Citron Kylling Penne Pasta

Gør: 4
INGREDIENSER:
- 8 ounce penne pasta
- 2 udbenet, skindfri kyllingebryst, skåret i mundrette stykker
- Salt og sort peber efter smag
- 2 spsk olivenolie
- 3 fed hvidløg, hakket
- Skal af 1 citron
- Saft af 1 citron
- 1 kop hønsebouillon
- 1 kop tung fløde
- 1 tsk tørret timian
- ½ kop revet parmesanost
- Frisk persille, hakket (til pynt)

INSTRUKTIONER:
a) Kog penne-pastaen efter anvisningen på pakken, indtil den er al dente. Dræn og sæt til side.
b) Krydr kyllingebryststykkerne med salt og sort peber efter smag.
c) I en stor stegepande opvarmes olivenolien over medium-høj varme. Tilsæt kyllingebryststykkerne til stegepanden og steg, indtil de er brunede og gennemstegte, cirka 6-8 minutter. Tag den kogte kylling ud af gryden og stil den til side.
d) Tilsæt det hakkede hvidløg i den samme stegepande og sautér i ca. 1 minut, indtil det dufter.
e) Tilsæt citronskal, citronsaft og hønsebouillon i gryden. Rør godt rundt, og skrab bunden af stegepanden for at frigøre eventuelle brunede stykker.
f) Reducer varmen til lav og hæld den tunge fløde i. Rør den tørrede timian i. Lad saucen simre i cirka 5 minutter, indtil den tykner lidt.
g) Tilsæt den kogte pennepasta og den kogte kylling tilbage i gryden. Rør godt rundt for at dække pastaen og kyllingen med saucen.
h) Drys revet parmesanost over pastaen og rør rundt indtil osten smelter og saucen er cremet.
i) Tag gryden af varmen. Smag til og juster krydderiet med salt og sort peber, hvis det er nødvendigt.
j) Server Lemon Chicken Penne Pasta varm, pyntet med hakket frisk persille.
k) Dryp eventuelt resterende citronsaft over toppen.

11. Three-Cheese Meatball Mostaccioli

Ingrediens
- 1 pakke (16 ounce) mostaccioli
- 2 store æg, let pisket
- 1 karton (15 ounce) delvis skummet ricottaost
- 1-pund hakket oksekød
- 1 mellemstor løg, hakket
- 1 spsk brun farin
- 1 spsk italiensk krydderi
- 1 tsk hvidløgspulver
- 1/4 tsk peber
- 2 krukker (24 ounce hver) pastasauce med kød
- 1/2 kop revet romano ost
- 1 pakke (12 ounce) frosne fuldt kogte italienske frikadeller, optøet
- 3/4 kop barberet parmesanost
- Hakket frisk persille eller frisk baby rucola, valgfri

INSTRUKTIONER:
a) Forvarm ovnen til 350°. Kog mostaccioli i henhold til pakkens anvisninger for al dente; dræne. I mellemtiden blandes æg og ricottaost i en lille skål.
b) I en 6-qt. gryde, kog oksekød og løg i 6-8 minutter, eller indtil oksekødet ikke længere er lyserødt, og brækker oksekødet i smuldrer; dræne. Rør farin og krydderier i. Tilsæt pastasauce og mostaccioli; kast at kombinere.
c) Overfør halvdelen af pastablandingen til en smurt 13x9-in. bage fad. Læg lag med ricottablanding og resterende pastablanding; drys med Romano ost. Top med frikadeller og parmesanost.
d) Bages, uden låg, 35-40 minutter eller indtil gennemvarmet. Hvis det ønskes, top med persille.

12. Pasta med røget laks

Gør: 8
INGREDIENSER:
- 16 oz. penne pasta
- ¼ kop smør
- 1 lille, hakket løg
- 3 hakkede fed hvidløg
- 3 spiseskefulde mel
- 2 kopper let fløde
- ½ kop hvidvin
- 1 spsk citronsaft
- ½ kop revet romano ost
- 1 kop champignon i skiver
- ¾ lb. hakket røget laks

INSTRUKTIONER:
a) Kog pastaen i en gryde med saltet vand i 10 minutter. Dræne.
b) Smelt smør i en stegepande og svits løg og hvidløg i 5 minutter.
c) Rør melet i smørblandingen og bliv ved med at røre i 2 minutter.
d) Tilsæt forsigtigt den lette fløde.
e) Bring væsken lige under kogepunktet.
f) Rør osten i og fortsæt med at røre, indtil blandingen er jævn, cirka 3 minutter.
g) Tilsæt svampene og lad det simre i 5 minutter.
h) Overfør laksen til stegepanden og steg i 3 minutter.
i) Server lakseblandingen over pennepastaen.

13. Penne alla vodka

Gør: 8
INGREDIENSER:
- 4 spsk saltet smør
- 2 fed hvidløg, hakket eller revet
- ½ tsk knuste røde peberflager
- ½ kop vodka
- 1 (28 ounce) dåse knuste tomater, såsom San Marzano eller Pomi tomater
- ½ kop soltørrede tomater pakket i olivenolie, drænet og hakket
- Kosher salt og friskkværnet peber
- ¾ kop tung fløde
- 1 (1-pund) æske penne
- 1 kop revet parmesanost plus mere til servering
- Frisk basilikum, til servering

INSTRUKTIONER:
a) I en stor gryde kombineres smør, hvidløg og rød peberflager over medium-lav varme. Kog, omrør ofte, indtil smørret er smeltet og hvidløget er duftende, cirka 5 minutter. Tilsæt vodkaen og bring det i kog. Kog indtil reduceret med en tredjedel, 2 til 3 minutter mere. Tilsæt de knuste tomater, soltørrede tomater og en stor knivspids salt og peber. Svits saucen over medium varme, indtil den er reduceret en smule, 10 til 15 minutter. Overfør saucen til en blender eller brug en stavblender til at purere saucen, indtil den er jævn, 1 minut. Rør cremen i, indtil den er blandet.
b) Bring imens en stor gryde med saltet vand i kog over høj varme. Tilsæt penne og kog i henhold til pakkens anvisninger, indtil al dente. Dræn og tilsæt pastaen og parmesanen til saucen, rør rundt for at kombinere.
c) For at servere traditionelt skal du dele pastaen mellem otte tallerkener eller skåle. Pynt med basilikum og parmesan.

14. Nutty Kylling Pasta

Gør: 4

INGREDIENSER:
- 6 skiver bacon
- 1 (6 oz.) krukke marinerede artiskokhjerter, drænet
- 10 aspargesspyd, ender trimmet og groft hakket
- 1/2 (16 oz.) pakke rotini, albue eller penne
- 1 kogt kyllingebryst, pasta i tern
- 1/4 kop tørrede tranebær
- 3 spiseskefulde fedtfattig mayonnaise
- 1/4 kop ristede skiver mandler
- 3 spiseskefulde balsamico vinaigrette salatdressing
- salt og peber efter smag
- 2 tsk citronsaft
- 1 tsk Worcestershire sauce

INSTRUKTIONER:

a) Stil en stor pande over medium varme. Kog baconen heri til den bliver sprød. Fjern det fra det overskydende fedt. Smuldr det og læg det til side.

b) Kog pastaen efter anvisningen på pakken.

c) Få en lille røreskål: Kom mayo, balsamicovinaigrette, citronsaft og Worcestershire-sauce i den. Bland dem godt.

d) Få en stor røreskål: Smid pastaen med dressing i den. Tilsæt artiskok, kylling, tranebær, mandler, smuldret bacon og asparges, en knivspids salt og peber.

e) Rør dem godt rundt. Stil salaten på køl i 1 t 10 min og server den derefter.

15. Penne Beef Bage

INGREDIENSER:
- 1 pakke (12 ounce) fuldkornspasta
- 1 pund magert oksekød (90 % magert)
- 2 mellemstore zucchini, finthakket
- 1 stor grøn peberfrugt, finthakket
- 1 lille løg, finthakket
- 1 krukke (24 ounce) spaghetti sauce
- 1-1/2 kopper fedtfattig Alfredo sauce
- 1 kop revet delvis skummet mozzarellaost, delt
- 1/4 tsk hvidløgspulver
- Frisk hakket persille, valgfrit

INSTRUKTIONER:
a) Kog penne efter pakkens anvisninger. I mellemtiden koger du oksekød, zucchini, peber og løg i en hollandsk ovn ved middel varme, indtil kødet ikke længere er lyserødt, og brækker det i smuldrer; dræne. Rør spaghetti sauce, Alfredo sauce, 1/2 kop mozzarella ost og hvidløgspulver i. Afløb penne; røres i kødblandingen.
b) Overfør til en 13x9-in. bradepande belagt med madlavningsspray. Dæk til og bag ved 375° i 20 minutter. Drys med resten af mozzarellaosten. Bages uden låg, 3-5 minutter længere, eller indtil osten er smeltet. Hvis det ønskes, top med persille.

16.Osteagtig kyllingecremepasta

Gør: 6
INGREDIENSER:
- 1 1/2 kop mel, plus
- 1 rød peberfrugt, skåret i julienne
- 1 spsk mel
- 1/2 kop hvidvin
- 1 spsk salt
- 1/2 lb. hele spinatblade, opstammet
- 2 tsk sort peber
- 12 væske oz. tung creme
- 2 tsk italiensk urtekrydderi
- 1 kop parmesanost, revet
- 3 lbs. udbenet skindfri kyllingebryst
- 3 væske oz. vegetabilsk olie, delt
- 1 lb. penne pasta
- 1 spsk hvidløg, hakket

INSTRUKTIONER:
a) Inden du gør noget, skal du indstille ovnen til 350 F.
b) Få et lavvandet fad: Bland i det 1 1/2 kop mel, salt, sort peber og italiensk krydderurter.
c) Sæt en stor ovnfast stegepande på medium varme, og varm lidt olie i den.
d) Beklæd kyllingebrystene med melblandingen og brun det derefter i gryden i 4 minutter på hver side. Overfør stegepanden med kylling til ovnen og steg den i 17 min.
e) Kog penne-pastaen ved at følge anvisningerne på pakken, indtil den bliver dente.
f) Dræn det og læg det til side.
g) Sådan laver du saucen:
h) Stil en stor gryde på medium varme. Tilføj til det 1 oz. af olie. Kog den røde peber med hvidløg i det i 1 min. Rør melet i.
i) Rør vinen i og kog dem i 1 min. Tilsæt fløde og spinat og kog dem, indtil de begynder at koge. Rør osten i, indtil den smelter.
j) Få en stor røreskål: Vend pastaen med 1/2 af saucen. Server pastaen lun med kylling og dryp derefter den resterende sauce ovenpå.

17.Bagt penne med kalkunfrikadeller

INGREDIENSER : _

- 1 pund Malet kalkun
- 1 stort fed hvidløg; hakket
- ¾ kop friske brødkrummer
- ½ kop finthakket løg
- 3 spiseskefulde pinjekerner; ristet
- ½ kop hakket frisk persilleblade
- 1 stort æg; slået let
- 1 tsk salt
- 1 tsk sort peber
- 4 spsk olivenolie
- 1 pund Penne
- 1½ kop groft revet mozzarellaost
- 1 kop Friskrevet Romano ost
- 6 kopper tomatsauce
- 1 beholder; (15 oz.) ricottaost

INSTRUKTIONER:

a) I en skål røres kalkun, hvidløg, brødkrummer, løg, pinjekerner, persille, æg, salt og peber godt sammen og formes til frikadeller og laver mad .

b) Kog pasta

c) I en lille skål blandes mozzarella og Romano sammen. Hæld ca. 1½ dl tomatsauce og halvdelen af frikadeller i tilberedt fad og kom halvdelen af pastaen ovenpå.

d) Fordel halvdelen af den resterende sauce og halvdelen af osteblandingen over pastaen. Top med de resterende frikadeller og kom klatter af ricotta over frikadeller. Bag penne midt i ovnen i 30 til 35 minutter .

18. Klassisk Penne Pasta

Gør: 8
INGREDIENSER:
- 1 (16 oz.) pakke penne pasta
- 2 (14,5 oz.) dåser hakkede tomater
- 2 spsk olivenolie
- 1 lb. rejer, pillet og udvundet
- 1/4 kop rødløg i tern
- 1 kop revet parmesanost
- 1 spsk hakket hvidløg
- 1/4 kop hvidvin

INSTRUKTIONER:
a) Kog din pasta i vand og salt i 9 minutter og fjern derefter væskerne.
b) Begynd nu at røresteg dine hvidløg og løg i olie, indtil løgene er bløde.
c) Tilsæt derefter tomater og vin.
d) Lad blandingen simre i 12 minutter under omrøring. Tilsæt derefter rejerne og kog det hele i 6 minutter.
e) Tilsæt nu pastaen og rør det hele til jævnt.

ROTINI PASTA

19.Rejer og Cherry Tomat Pasta Salat

Giver: 6 portioner
INGREDIENSER:
- ¾ pund rejer, kogt indtil pink, cirka 2 minutter, og drænet
- 12 ounce rotini pasta

GRØNTSAGER
- 1 zucchini, hakket
- 2 gule peberfrugter i kvarte
- 10 druetomater, halveret
- ½ tsk salt
- ½ hvidt løg, skåret i tynde skiver
- ¼ kop sorte oliven, skåret i skiver
- 2 kopper baby spinat

CREMET SOUS
- 4 spsk usaltet smør
- 4 spsk universalmel
- ½ tsk salt
- 1 tsk hvidløgspulver
- 1 tsk løgpulver
- 4 spiseskefulde ernæringsgær
- 2 kopper mælk
- 2 spsk citronsaft

TIL SERVERING
- Sort peber

INSTRUKTIONER :
PASTA:
a) Tilbered pasta al dente efter anvisningerne på æsken.
b) Dræn, og læg derefter til side.
GRØNTSAGER:
c) Stil en pande over moderat varme og tilsæt lidt olie.
d) Under omrøring af og til koger du zucchini, peberfrugt, løg og salt i 8 minutter.
e) Tilsæt tomaterne og kog i yderligere 3 minutter, eller indtil grøntsagerne er møre.
f) Tilsæt spinaten og kog i cirka 3 minutter, eller indtil den er visnet.
CREMET SAUS:
g) Smelt smørret i en gryde ved moderat varme.
h) Tilsæt melet og pisk forsigtigt for at skabe en jævn pasta.
i) Tilsæt mælken og pisk igen.
j) Pisk de resterende ingredienser til saucen i og lad det simre i cirka 5 minutter.
AT SAMLE:
k) Kombiner kogte rejer, kogt pasta, grøntsager, sorte oliven og cremet sauce i en serveringsskål.
l) Pynt med et drys knækket sort peber.

20.Frisk citronpasta

Gør: 8
INGREDIENSER:
- 1 (16 oz.) pakke tre-farvet rotini pasta
- 1 knivspids salt og kværnet sort peber til
- 2 tomater, udsået og skåret i tern
- smag
- 2 agurker - skrællet, udsået og
- 1 avocado i tern
- i tern
- 1 pres citronsaft
- 1 (4 oz.) dåse skiver sorte oliven
- 1/2 kop italiensk dressing, eller mere efter smag
- 1/2 kop revet parmesanost

INSTRUKTIONER:
a) Kog pastaen efter anvisningen på pakken.
b) Få en stor røreskål: Kom pasta, tomater, agurker, oliven, italiensk dressing, parmesanost, salt og peber i den. Rør dem godt rundt.
c) Stil pastaen i køleskabet i 1 t 15 min.
d) Få en lille røreskål: Rør citronsaften med avocado i den. Vend avocadoen med pastasalat og server den.
e) God fornøjelse.

21. Osteagtig Pepperoni Rotini salat

Gør: 8
INGREDIENSER:
- 1 (16 oz.) pakke tre-farvet rotini pasta
- 1 (8 oz.) pakke mozzarellaost
- 1/4 lb. pepperonipølse i skiver
- 1 kop friske broccolibuketter
- 1 (16 oz.) flaske italiensk salat
- 1 (6 oz.) dåse sorte oliven, drænet
- forbinding

INSTRUKTIONER:
a) Kog pastaen efter anvisningen på pakken.
b) Få en stor røreskål: Smid pasta, pepperoni, broccoli, oliven, ost og dressing i den.
c) Tilpas salatens krydderi og stil den i køleskabet i 1 t 10 min. Server den.

22.Cremet tomat Rotini Pasta i en gryde

Giver: 4 portioner
INGREDIENSER:
- 1 spsk olivenolie
- 3 fed hakket hvidløg
- 8 ounce rotini pasta (eller enhver medium pasta)
- 14 ounce dåsetomater i tern med deres juice
- 3 spiseskefulde tomatpure
- 1 tsk italiensk krydderi
- ½ tsk valgfri chiliflager
- Salt og peber efter smag
- 2 ½ - 3 kopper vand eller bouillon (mere hvis nødvendigt)
- 2 kopper hakket og kogt kylling (rester eller rotisserie kylling fungerer godt)
- ⅔ kop tung fløde
- 2 spsk hakket frisk persille
- 1 ounce revet frisk parmesanost
- 1 ⅓ kopper revet mozzarellaost

INSTRUKTIONER:
a)   Opvarm olivenolie i en stor ovnfast gryde, tilsæt og steg derefter det hakkede hvidløg, indtil det dufter.
b)   Rør den ukogte pasta, dåsetomater, tomatpasta, italiensk krydderi, chiliflager (hvis du bruger) og 2 ½ dl vand i. Lad det simre uden låg, indtil pastaen er kogt, tilsæt mere vand, hvis det er nødvendigt (normalt ca. 11-13 minutter; sørg for, at der er nok væske til at skabe en sauce).
c)   Rør kyllingen og tung fløde i. Lad det simre i yderligere 2-3 minutter eller indtil saucen tykner lidt og kyllingen er gennemvarmet.
d)   Fjern fra varmen og rør persille og parmesanost i. Top med mozzarellaost, og steg derefter indtil den er boblende og let brunet.
e)   Nyd din lækre og letlavede cremede tomatrotini-pasta!

23.Saucy Beef Rotini i en enkelt gryde

Giver: 4 portioner
INGREDIENSER:
- 3/4 pund magert hakket oksekød (90% magert)
- 2 kopper friske champignon i skiver
- 1 mellemstor løg, hakket
- 3 fed hvidløg, hakket
- 3/4 tsk italiensk krydderi
- 2 kopper tomat basilikum pasta sauce
- 1/4 tsk salt
- 2 1/2 dl vand
- 3 kopper ubehandlet fuldkornsrotini (ca. 8 ounces)
- 1/4 kop revet parmesanost

INSTRUKTIONER:
a) I en 6-liters gryde koges de første 5 ingredienser over medium-høj varme, indtil oksekødet ikke længere er lyserødt, hvilket tager 6-8 minutter. Smuldr oksekødet og dræn eventuelt overskydende fedt fra.
b) Tilsæt pastasauce, salt og vand; bring det i kog. Rør rotinien i og bring det i kog.
c) Reducer varmen, læg låg på, og lad det simre i 8-10 minutter, eller indtil pastaen når en al dente-konsistens, rør af og til.
d) Server med et drys revet ost.
e) Nyd denne saftige oksekødsrotini lavet i en enkelt gryde, en perfekt løsning til spaghettidagen uden de rodede retter.

24.Kylling og Broccoli Rotini i en enkelt gryde

Gør: 8
INGREDIENSER:
- 1 lb udbenet skindfri kyllingebryst
- 1 spsk olivenolie
- 1 tsk salt
- 1/2 tsk peber
- 1 tsk tørret oregano
- 4 kopper lav-natrium kylling bouillon
- 1 lb ukogt rotini eller pasta i lignende form
- 1 kop tung fløde
- 1 kop revet parmesanost
- 2 kopper broccolibuketter (dampede eller 12 oz damp-i-pose frossen broccoli)
- 3 revet fed hvidløg

INSTRUKTIONER:
a) Skær kyllingen i små mundrette stykker.
b) Opvarm olivenolie i en 4,5 liter dyb gryde over medium varme.
c) Tilsæt kylling, oregano, hvidløg, salt og peber, og kog indtil kyllingen ikke længere er lyserød, hvilket tager cirka 3-4 minutter.
d) Rør den ukogte pasta og bouillon i, bring det i kog, dæk derefter til og reducer varmen til medium-lav.
e) Kog i 8-10 minutter under omrøring halvvejs, eller indtil pastaen er al dente.
f) Tilsæt fløde, parmesan og dampet broccoli.
g) Bland alle ingredienserne sammen til det bliver flot og cremet.
h) Pynt med ekstra parmesanost og frisk italiensk persille.
i) Nyd denne hurtige og nemme cremede kylling- og broccolirotini-ret, alt sammen lavet i en enkelt gryde.

25.En-Pande Rotini med Tomatsauce

Giver: 6 portioner
INGREDIENSER:
- 1 pund magert oksekød (90 % magert)
- 1 mellemstor løg, hakket
- 2 fed hvidløg, hakket
- 1 tsk italiensk krydderi
- 1/2 tsk peber
- 1/4 tsk salt
- 2 kopper oksefond
- 1 dåse (14-1/2 ounce) ildstegte tomater i tern, udrænede
- 2 kopper ukogt spiralpasta
- 1 kop frosne ærter
- 1 kop kraftig piskefløde
- 1/2 kop revet parmesanost

INSTRUKTIONER:
a) I en stor stegepande koges oksekød og løg ved middel varme, indtil oksekødet ikke længere er lyserødt, og løget er mørt, hvilket tager cirka 5-10 minutter. Sørg for at bryde oksekødet i smuldrer, og dræn derefter alt overskydende fedt.
b) Tilsæt hvidløg og krydderier, og steg i yderligere et minut.
c) Rør oksefond og tomater i, og bring derefter blandingen i kog.
d) Tilsæt pasta og ærter, og reducer derefter varmen. Lad det simre, tildækket, til pastaen er mør, hvilket typisk tager 10-12 minutter.
e) Rør gradvist fløde og ost i, men vær forsigtig med ikke at lade det koge.
f) Nyd din rotini i én gryde med tomatflødesauce, et familiegodkendt måltid, der er nemt at forberede og rydde op!

26. Parmesan Rotini stegepande

Gør: 8

INGREDIENSER:
- 1 pund italienske svinepølselinks, tarme fjernet
- 1 dåse (15 oz hver) ELLER 1 karton (14,8 oz) Hunt's® tomatsauce
- 1 dåse (14,5 oz hver) Hunt's® tomater i tern, udrænet
- 2 kopper vand
- 1/2 tsk tørrede basilikumblade
- 1/2 tsk tørrede oreganoblade
- 3 kopper rotini pasta, ukogt
- 1 kop ricotta ost
- 1/2 kop Kraft® revet parmesanost, delt
- 1/2 tsk persilleflager

INSTRUKTIONER:
a) Smuldr pølsen i en stor, dyb stegepande. Kog i 8 til 10 minutter, eller indtil jævnt brunet, omrør ofte. Dræn pølsen, og kom den derefter tilbage i gryden.

b) Rør tomatsaucen, udrænede tomater, vand, basilikum og oregano i. Bring blandingen i kog. Tilsæt pastaen og rør rundt. Læg låg på, og lad det simre ved middel-lav varme i 18 til 20 minutter, eller indtil pastaen er mør, under omrøring af og til.

c) Bland ricotta, 1/4 kop parmesan og persille. Hæld denne blanding over pastaen, og drej den derefter forsigtigt rundt med en ske. Drys den resterende parmesan ovenpå.

d) Nyd din smagfulde Parmesan Rotini Skillet, et hurtigt og tilfredsstillende måltid lavet i kun én gryde.

27.En-Pande kylling Rotini

Gør: 4

INGREDIENSER:
- 1 spsk. olivenolie
- 1 tsk. hakket hvidløg
- 8 oz. tør rotini pasta (2 kopper)
- 4 oz. fedtfattig flødeost, i tern
- 1 kop revet gulerødder i poser
- 2 kopper hakket kogt kylling (eller skinke)
- 2 dåser (14,5 oz hver) grønne bønner med svampe, drænet
- 1/2 kop revet parmesanost
- 1/4 kop hakket frisk basilikum

INSTRUKTIONER:
a) Varm olivenolie i en dyb 10-tommer stegepande; tilsæt hvidløg og kog i 30 sekunder under konstant omrøring.
b) Tilsæt forsigtigt 3 1/2 dl vand, bring det i kog. Rør pastaen i, bring det i kog og reducer til medium varme. Kog ved lavt kogepunkt efter pakkens anvisninger, under jævnlig omrøring, indtil pastaen er al dente, hvilket typisk er cirka 2 minutter længere end pakkens anvisninger. Dræn IKKE.
c) Rør flødeost, gulerødder, kylling (eller skinke), grønne bønner og parmesanost i. Kog i 4 minutter eller indtil gennemvarme, og gulerødderne er møre-sprøde.
d) Rør basilikum i inden servering.
e) Nyd din en-gryde kylling rotini, en lækker og effektiv måde at bruge rester på og skabe et tilfredsstillende måltid.

JUMBO SKALLER

28.Italienske pølsefyldte skaller

Gør: 4-6 portioner
INGREDIENSER:
TIL PASTAEN:
- 24 jumbo pastaskaller

TIL PØLSEN MARINARA:
- 1 pund (450 g) italiensk pølse, tarm fjernet
- 1 lille løg, finthakket
- 2 fed hvidløg, hakket
- 28-ounce dåse knuste tomater
- 1 tsk tørret basilikum
- 1 tsk tørret oregano
- Salt og sort peber efter smag

TIL FYDNING OG GARNISERING:
- 2 kopper ricottaost
- 1½ dl revet mozzarellaost
- ½ kop revet parmesanost
- ¼ kop frisk persille, hakket
- 1 æg

TIL MONTERING:
- Olivenolie til smøring

INSTRUKTIONER:
TIL PASTAEN:
a) Forvarm din ovn til 350°F (175°C).
b) Kog jumbo-pastaskallerne efter pakkens anvisninger, indtil de er lige al dente.
c) Afdryp og stil dem til afkøling.

TIL PØLSEN MARINARA:
d) I en stor stegepande opvarmes en smule olivenolie over medium-høj varme.
e) Tilsæt den italienske pølse og kog indtil den er brunet og ikke længere lyserød, brække den fra hinanden med en ske. Fjern eventuelt overskydende fedt.
f) Tilsæt det hakkede løg og hakket hvidløg i gryden med pølsen og steg i ca. 2-3 minutter, indtil løget bliver gennemsigtigt.
g) Rør de knuste tomater, tørret basilikum, tørret oregano, salt og sort peber i.
h) Lad saucen simre i cirka 10 minutter, så smagen smelter sammen og tykner lidt. Fjern det fra varmen.

TIL FYLDET:
i) I en røreskål kombineres ricottaosten, 1 kop mozzarellaost, ¼ kop parmesanost, hakket persille og ægget.
j) Bland godt for at skabe fyldeblandingen.

SAMLE:
k) Smør en bradepande med olivenolie.
l) Fordel et tyndt lag af pølsemarinarasaucen i bunden af fadet.
m) Fyld forsigtigt hver kogt pastaskal med osteblandingen og anbring dem i den tilberedte ovnfast fad.
n) Hæld den resterende marinara sauce over de fyldte skaller.
o) Drys den resterende ½ kop mozzarellaost og eventuelt resterende parmesanost oven på skallerne.

BAGE:
p) Dæk bageformen med alufolie og bag i den forvarmede ovn i 20-25 minutter.
q) Fjern folien og fortsæt med at bage i yderligere 10 minutter, eller indtil osten er boblende og let gylden.
r) Lad retten køle af i et par minutter, og server derefter dine italienske pølsefyldte skaller varme, garneret med ekstra frisk persille, hvis det ønskes.

29.Spinat og tre-oste fyldte skaller

Gør: 6 TIL 8

INGREDIENSER:
- 2 spsk ekstra jomfru olivenolie
- 1 pund malet krydret italiensk pølse
- 2 (28-ounce) dåser knuste tomater, såsom San Marzano eller Pomi tomater
- 1 rød peberfrugt, frøet og skåret i skiver
- 2 tsk tørret oregano
- ½ tsk knuste røde peberflager plus mere efter behov
- Kosher salt og friskkværnet peber
- 1 (8-ounce) pose frossen hakket spinat, optøet og presset tør
- 1 (1 pund) æske jumbo pastaskaller
- 16 ounce sødmælksricottaost
- 2 kopper revet Gouda ost
- 1 kop friske basilikumblade, hakket, plus mere til servering
- 8 ounces frisk mozzarellaost, revet

INSTRUKTIONER:

a) Forvarm ovnen til 350°F.

b) Opvarm olivenolien i en stor ovnsikker stegepande over medium-høj varme. Når olien skinner, tilsæt pølsen og kog den op med en træske, indtil den er brunet, 5 til 8 minutter. Reducer varmen til lav og tilsæt de knuste tomater, peberfrugt, oregano, røde peberflager og en knivspids salt og peber. Lad det simre, indtil saucen tykner lidt, 10 til 15 minutter. Rør spinaten i. Smag til og tilsæt mere salt, peber og røde peberflager.

c) Bring imens en stor gryde med saltet vand i kog over høj varme. Tilsæt skallerne og kog efter pakkens anvisninger, indtil de er al dente. Dræn godt af.

d) Kombiner ricotta, Gouda og basilikum i en mellemstor skål. Overfør blandingen til en gallon-størrelse zip-top pose. Skub blandingen ind i det ene hjørne af posen, klem luften ud af toppen af posen, og klip omkring ½ tomme af det hjørne.

e) Arbejd med en ad gangen, rør omkring 1 spsk af osteblandingen ind i hver skal, og læg dem derefter i stegepanden. Drys skallerne jævnt med mozzarella.

f) Overfør stegepanden til ovnen og bag indtil osten er smeltet og er let brunet på toppen, 25 til 30 minutter.

30.Dekadente spinatfyldte skaller

INGREDIENSER:
- 1 pakke (12 ounce) jumbo pastaskaller
- 1 krukke (24 ounce) ristet rød peber og hvidløg pasta sauce
- 2 pakker (8 ounce hver) flødeost, blødgjort
- 1 kop ristet hvidløg Alfredo sauce
- Dash salt
- Dash peber
- Dash knuste røde peberflager, valgfrit
- 2 kopper revet italiensk osteblanding
- 1/2 kop revet parmesanost
- 1 pakke (10 ounce) frossen hakket spinat, optøet og presset tør
- 1/2 kop finthakkede vandpakkede artiskokhjerter
- 1/4 kop finthakket ristet sød rød peber
- Ekstra parmesanost, valgfri

INSTRUKTIONER:
a) Forvarm ovnen til 350°. Kog pastaskaller efter pakkens anvisninger for al dente. Dræne.
b) Fordel 1 kop sauce i en smurt 13x9-in. bage fad. Pisk flødeost, Alfredo sauce og krydderier i en stor skål, indtil det er blandet. Rør oste og grøntsager i. Ske i skaller. Arranger i tilberedt ovnfast fad.
c) Hæld den resterende sauce over. Bages, tildækket, 20 minutter. Hvis det ønskes, drys med yderligere parmesanost. Bages, uden låg, 10-15 minutter længere, eller indtil osten er smeltet.

31. Hvidløgsfyldte Jumbo Pastaskaller

Giver: 24 portioner
INGREDIENSER:
- 500 gram Jumbo pastaskaller, kogt til de er møre og afdryppet
- 6 spsk Smør
- 6 fed hvidløg, finthakket (med en knivspids salt)
- 500 gram Ricotta ost
- 250 gram hytteost
- 1/4 kop revet parmesan
- 6 skiver prosciutto, fint hakket
- 6 spiseskefulde Mel
- 2 kopper mælk
- 1 kop tung fløde
- 1/2 kop Friskhakket persille
- 6 Ansjosfileter, finthakket
- 3 spsk Friskhakket persille
- 3 spsk Frisk basilikum, hakket
- 2 æggeblommer, pisket
- Salt og peber efter smag

INSTRUKTIONER:
a) Start med at smelte smørret i en gryde ved svag varme. Tilsæt det finthakkede hvidløg og svits indtil det lige begynder at få en gyldenbrun farve. Fjern fra varmen og tilsæt mel.
b) Sæt gryden tilbage på varmen og kog under konstant omrøring i to minutter. Sørg for, at melet ikke ændrer farve.
c) Fjern fra varmen og tilsæt mælk og fløde på én gang. Pisk kraftigt indtil blandingen bliver jævn. Stil gryden over middel varme og tilsæt persille og ansjoser.
d) Kog og rør konstant, indtil saucen når konsistensen af tung fløde. Fjern fra varmen, og smag til med salt og peber. Hold det afdækket.
e) I en stor røreskål kombineres ricotta, hytteost, parmesan, persille, basilikum, prosciutto og pisket æggeblommer. Tilsæt salt og peber efter smag og bland grundigt.
f) Fyld hver jumboskal med en del af osteblandingen. Pres forsigtigt de lange sider af hver skal sammen for at bevare sin oprindelige form fra før kogning. Fjern eventuelt overskydende fyld.
g) Hæld cirka to kopper af saucen i bunden af en bradepande, der er stor nok til at rumme alle 24 skaller i et enkelt lag. Læg de fyldte skaller i fadet, og hæld den resterende sauce over dem.
h) Bages i en forvarmet ovn ved 375°F i 15 minutter. Server straks. Nyd dine lækre hvidløgsfyldte jumbo-pastaskaller!

32.Komfur fyldte pastaskaller

Gør: Cirka 4 til 6 personer
INGREDIENSER:
- 15 jumbo pastaskaller
- 1½ dl ricottaost
- 2 kopper revet mozzarellaost, delt
- ¾ kop revet parmesanost, delt
- 2 spsk friske basilikumblade, groft hakket
- ½ tsk salt
- ¼ tsk sort peber
- 2 kopper marinara sauce

INSTRUKTIONER:
a) Start med at bringe en stor gryde saltet vand i kog. Kom dine pastaskaller i gryden og kog efter anvisningen på pakken, sigt efter al dente.
b) Tip: Kog et par ekstra skaller, hvis du vil have backups i tilfælde af, at nogle revner eller går i stykker (det sker!). Hvis du ikke er nøjeregnende med det, så fortsæt og kog præcis 15 skaller.
c) Skyl de kogte pastaskaller under koldt vand, indtil de er kølige nok til at håndtere, og dræn dem derefter. Stil dem til side, mens du forbereder ostefyldet.
d) I en mellemstor skål kombineres ricotta, 1 kop mozzarella, ½ kop parmesan, basilikum, salt og peber. Bland indtil alle ingredienser er godt blandet.
e) Fyld hver skal med cirka 1 til 2 spiseskefulde af osteblandingen. Sørg for at pakke fyldet tæt for at forhindre, at det smelter og spilder under tilberedningen. Fortsæt indtil alle skallerne er fyldt.
f) Hæld din marinara sauce i en stor stegepande med høje sider. Arranger forsigtigt de fyldte skaller i stegepanden, og sørg for, at toppen af skallerne forbliver over saucen (dette forhindrer ostefyldet i at smelte ind i saucen, selvom det stadig er lækkert).
g) Drys den resterende 1 kop mozzarella og ¼ kop parmesanost over skallerne. Dæk gryden til og stil den på en komfur, der er indstillet til medium-lav varme. Kog indtil osten på toppen er smeltet, og skallerne er gennemvarmet, hvilket normalt tager cirka 10 minutter.
h) Nyd dine lækre komfuret fyldte pastaskaller!

33.Vegetarisk stegepande fyldte skaller

INGREDIENSER:

- 18 jumbo pastaskaller (ca. 6 oz.)
- 1 1/2 tsk. kosher salt, plus ekstra til krydderier
- 2 spsk. ekstra jomfru oliven olie
- 1/2 lb. crimini-svampe, skåret i tynde skiver
- 1 tsk. friskkværnet sort peber
- 1/2 kop tør hvidvin eller vermouth
- 5 oz. baby spinat
- 6 fed hvidløg, skåret i tynde skiver
- 2 spsk. usaltet smør
- 3 kopper marinara sauce
- 1/2 tsk. knuste røde peberflager
- 2 kopper sødmælksricotta
- 3 oz. fintrevet parmesan (ca. 1 kop), plus mere til servering
- 3 spsk. finthakket oregano, delt

INSTRUKTIONER:

a) Kog pastaskallerne i en stor gryde med kogende, saltet vand, under omrøring af og til, indtil de er meget al dente, cirka 9 minutter. Dræn dem og kør dem under koldt vand for at stoppe kogningen. Dræn igen.

b) Mens pastaen koger, opvarmes olivenolien i en stor gryde ved høj varme. Tilsæt de tynde skiver og kog under omrøring af og til, indtil de slipper deres saft, og derefter bliver de tørre og pænt brune, hvilket tager cirka 5-6 minutter. Smag til med sort peber og 1 tsk. af salt. Reducer varmen til medium, tilsæt vinen og kog under omrøring, indtil den er reduceret til det halve, hvilket tager 1-2 minutter. Tilsæt babyspinaten, læg låg på og kog indtil den begynder at visne, omkring 1-2 minutter. Afdæk og fortsæt med at koge, under omrøring af og til, indtil spinaten er helt visnet, og det meste af væsken er fordampet, ca. 2-4 minutter mere. Overfør svampeblandingen til en stor skål og behold stegepanden.

c) Kog hvidløg og smør i den reserverede stegepande over medium-høj varme, under omrøring af og til, indtil hvidløget bliver duftende og begynder at brune, hvilket tager 2-3 minutter. Tilsæt marinara sauce og rød peberflager og lad det simre ved svag varme. Kog, under omrøring af og til, indtil det er gennemvarmet, cirka 6-8 minutter.

d) Mens saucen koger, tilsæt ricotta, 3 oz. parmesan, 2 spsk. oregano, og den resterende 1/2 tsk. salt til svampeblandingen og rør for at kombinere. Ske omkring 2 spsk. af ricottablandingen i hver skal, fylde dem til det yderste, men ikke overfylde.

e) Sæt de fyldte skaller i den varme sauce i gryden. Dæk til og kog over medium varme, indtil skallerne er gennemvarmet, 4-6 minutter. Fjern fra varmen og lad sidde i 5 minutter. Drys med parmesan og de resterende 1 spsk. af oregano.

f) Nyd dine dejlige vegetariske stegepande fyldte skaller!

34.Tacofyldte pastaskaller

Gør: 8
INGREDIENSER:
- 8 oz ubehandlede jumbo-pastaskaller (ca. 24 skaller fra en 12-oz æske)
- 1 lb magert (mindst 80%) hakket oksekød
- 1 pakke (1 oz) tacokrydderiblanding
- 1 dåse (14,5 oz) ildristede knuste tomater, udrænede
- 1 pakke (8 oz) revet mexicansk osteblanding (svarende til 2 kopper)
- 1 kop blomme (Roma) tomater i tern
- 1/4 kop hakket frisk koriander

INSTRUKTIONER:
a) Forvarm din ovn til 350°F. Kog pastaskallerne som anvist på æsken og dræn dem derefter.

b) I en 12-tommer nonstick stegepande, kog hakkebøffen over medium-høj varme i cirka 5 minutter, omrør ofte, indtil det er helt kogt. Dræn eventuelt overskydende fedt. Tilsæt tacokrydderiblandingen, knuste tomater og 1 kop revet ost. Rør godt rundt indtil osten er helt smeltet.

c) Fyld hver pastaskal med cirka 1 spiseskefuld af oksekødsblandingen og læg dem i en usmurt 13x9-tommer (3-quart) glasfad. Top de fyldte skaller med hakkede blommetomater og hakket koriander, og drys derefter med den resterende 1 kop ost.

d) Bages i 15 til 20 minutter, eller indtil retten er gennemvarmet, og osten er perfekt smeltet. Server de tacofyldte pastaskaller, mens de er lune.

e) Nyd dine unikke og læskende tacofyldte pastaskaller!

35.Sommer fyldte skaller

Gør: 6 personer
INGREDIENSER:
- 20 til 25 jumbo pastaskaller, kogte
- 2 spsk olivenolie
- 1 sødt løg i tern
- 4 fed hvidløg, hakket
- 1 zucchini squash, hakket
- 2 aks, kerner skåret fra kolben
- Kosher salt og peber
- 15 ounce ricottaost
- 1 stort æg, let pisket
- 2 kopper friskrevet mozzarella eller provolone ost
- 1/2 kop fintrevet parmesanost, plus ekstra til servering
- 2/3 kop pesto (helst basilikumpesto)
- 2 kopper marinara sauce
- Frisk basilikum, til servering

INSTRUKTIONER:
a) Forvarm din ovn til 350 grader F. Kog pastaskallerne i saltet vand i henhold til pakkens anvisninger. Når de er kogt, drænes de.
b) Opvarm olivenolien i en ovnsikker hollandsk ovn eller støbejernsgryde. Tilsæt hakket løg og hakket hvidløg sammen med en knivspids salt og peber. Kog, omrør ofte, indtil de bliver lidt bløde. Rør den hakkede zucchini og majs i med endnu et nip salt og peber. Kog indtil de er bløde, hvilket bør tage omkring 5 til 6 minutter. Sluk for varmen og lad det køle lidt af.
c) I en stor skål kombineres ricottaost, sammenpisket æg, 1 kop mozzarellaost, parmesanost og 1/3 kop pesto. Tilsæt et nip salt og peber og bland, indtil det er godt blandet. Overfør zucchini- og majsblandingen til ricottablandingen og rør, indtil den er helt blandet.
d) Tilsæt marinarasaucen til den ovnsikrede gryde, hvor du kogte zucchini- og majsblandingen.
e) Tag hver jumbo pastaskal og fyld den med 2 til 3 spiseskefulde ricotta-pestofyld. Læg de fyldte skaller i marinarasaucen i gryden. Gentag med de resterende skaller. Hvis du har ekstra skaller, skal du tilføje noget sauce til en lille bageform eller pande og lægge skallerne der.
f) Prik den resterende pesto oven på skallerne. Drys den resterende mozzarellaost over dem. Bages i 25 til 30 minutter, indtil retten er varm, gylden og boblende.
g) Tag gryden ud af ovnen og lad den stå i et par minutter. Top med ekstra parmesan, frisk basilikum og endnu mere pesto, hvis det ønskes. Server og nyd dine lækre sommerfyldte skaller!

LINGUINE PASTA

36.Romano Linguine Pasta Salat

Gør: 6
INGREDIENSER:
- 1 (8 oz.) pakke linguine pasta
- 1/2 tsk rød peberflager
- 1 (12 oz.) pose broccolibuketter, skåret i mundrette stykker
- 1/4 tsk kværnet sort peber
- salt efter smag
- 1/4 kop olivenolie
- 4 tsk hakket hvidløg
- 1/2 kop fintrevet Romano ost
- 2 spsk finthakket frisk fladbladet persille

INSTRUKTIONER:
a) Kog pastaen efter anvisningen på pakken.
b) Bring en gryde med vand i kog. Læg en dampkoger ovenpå. Damp heri broccolien med låg på i 6 min
c) Stil en gryde over medium varme. Varm olien op i den. Svits hvidløget heri med peberflager i 2 min.
d) Få en stor røreskål: Overfør den sauterede hvidløgsblanding med pasta, broccoli, romanoost, persille, sort peber og salt til den. Bland dem godt.
e) Tilpas salatens krydderi. Server den med det samme.
f) God fornøjelse.

37. Citron Ricotta Pasta med kikærter

Gør: 4
INGREDIENSER:
- 8 ounces linguine pasta
- 1 kop ricotta ost
- 1 dåse (15 ounce) kikærter, drænet og skyllet
- 3 kopper toscansk grønkål, stilke fjernet og groft hakket
- 2 spsk ekstra jomfru olivenolie
- 3 fed hvidløg, hakket
- 1 spsk citronskal
- 2 spsk citronsaft
- Salt og peber efter smag
- Citronskiver, til pynt

INSTRUKTIONER:
a) Start med at bringe en rigelig mængde saltet vand i kog i en stor gryde. Følg vejledningen på linguinepakken og kog den, indtil den når den ønskede al dente tekstur.
b) Når den er kogt, drænes pastaen, men sørg for at reservere omkring ½ kop pastavand. Stil pastaen og det reserverede vand til side.
c) Varm lidt olivenolie op i en stor stegepande over medium varme. Tilsæt det hakkede hvidløg i gryden og svits det i cirka 1 minut, indtil det bliver duftende og let gyldent.
d) Sæt den toscanske grønkål i gryden og kog den i ca. 3-4 minutter under omrøring af og til, indtil den visner og bliver mør.
e) Sænk varmen til en let simre og kom ricottaost, citronskal og citronsaft i gryden. Rør ingredienserne godt, og sørg for, at de kombineres til en glat og cremet sauce.
f) Vend forsigtigt kikærterne og den kogte linguine i, og sørg for, at de er jævnt belagt med den cremede sauce. Hvis saucen virker for tyk, tilsæt gradvist små mængder af det reserverede pastavand for at opnå den ønskede konsistens.
g) Smag retten til med salt og peber efter dine smagspræferencer. Lad smagene smelte sammen ved at fortsætte med at koge i yderligere 2-3 minutter.
h) Tag gryden af varmen og del Lemon Ricotta Linguine mellem individuelle serveringsplader. For en ekstra burst af citrus smag, pynt hver tallerken med skiver af citron.
i) Server retten med det samme, mens den stadig er varm, og nyd dens friske og levende smag.
j) For en perfekt akkompagnement, parrer denne Lemon Ricotta Linguine med kikærter med en sprød hvidvin og server den sammen med noget hvidløgsbrød til et tilfredsstillende og komplet måltid.

38. Carbonara rejer

Gør: 6
INGREDIENSER:
- ¼ kop olivenolie, delt
- 1 lb. kyllingetern
- 4 spiseskefulde hakket hvidløg, delt
- 1 tsk timian
- 1 tsk oregano
- 1 tsk basilikum
- 1 lb. pillede og deveirede rejer
- 16 oz. linguine
- 6 skiver bacon i tern
- Salt og peber efter smag
- 1 hakket løg
- 1 kop champignon i skiver
- 1 hakket rød peberfrugt
- 2 dl tung fløde
- 1 kop mælk
- 1½ dl revet parmesanost
- 2 æggeblommer
- 1 kop hvidvin.

INSTRUKTIONER:
a) Varm 2 spsk oliven i en stor pande.
b) Svits halvdelen af hvidløget og smag til med timian, oregano og basilikum.
c) Rør kyllingen i og steg ved lav temperatur i 10 minutter.
d) Læg kyllingen på et fad og stil til side.
e) Brug den samme pande til at opvarme 2 spsk olivenolie og svits de resterende hvidløg i 2 minutter.
f) Rør rejerne i og kog på lavt niveau i 6 minutter.
g) Overfør rejerne med kyllingen.
h) Kog linguinen i en gryde med saltet vand i 12 minutter.
i) Igen, brug den samme pande, steg bacon indtil færdig, omkring 5 minutter.
j) Dræn baconen på et køkkenrulle og smuldr. Sæt til side.
k) Svits løg, peberfrugt og champignon i gryden med baconfedtet i 5 minutter.
l) Kom tung fløde, mælk, parmesanost, æggeblommer, salt og peber i en skål.
m) Tilsæt vinen til løg, peber og champignon i gryden og bring det i kog.
n) Kog ved lav temperatur i 5 minutter.
o) Rør den tunge flødeblanding i og lad det simre i 5 minutter.
p) Kom rejer og kylling tilbage i gryden og overtræk med saucen.
q) Server rejer og kylling sammen med pastaen.

39. Linguine og Muslingesauce

Gør: 4

INGREDIENSER:
- 16 oz. linguini
- 1 spsk olivenolie
- 1 hakket løg
- 5 hakkede fed hvidløg
- ½ kop smør
- Salt og peber efter smag
- ¼ kop tør hvidvin
- ¼ kop muslingejuice
- 1 ½ kop hakkede muslinger
- 1 tsk rød peberflager

INSTRUKTIONER:
a) Kog linguinien i en gryde med saltet vand i 10 minutter. Dræne.
b) Varm olivenolien i en stegepande og svits løg og hvidløg i 5 minutter.
c) Tilsæt smør, salt, peber, vin og muslingejuice.
d) Lad det simre i 25 minutter. Saucen skal reduceres og tyknes.
e) Rør muslingerne i og lad det simre i 5 minutter.
f) Læg linguinien i en skål og dæk med muslingesovsen.
g) Server toppet med røde peberflager.

ENGELHÅR PASTA

40. One-Skillet Pasta

Giver: 5 portioner

INGREDIENSER:
- 1-1/2 pund malet kalkun
- 1 mellemstor løg, finthakket
- 1 medium sød rød peber, finthakket
- 1 dåse (28 ounce) tomater i tern, udrænet
- 1 dåse (14-1/2 ounce) ildstegte tomater i tern, udrænede
- 1 dåse (14-1/2 ounce) oksekødsbouillon med reduceret natrium
- 1 dåse (4 ounce) champignon i skiver, drænet
- 1 spsk pakket brun farin
- 1 spsk chilipulver
- 8 ounce ubehandlet englehårpasta
- 1 kop revet cheddarost

INSTRUKTIONER:
a) I en stor støbejern eller anden tung stegepande, kog kalkun, løg og peber over medium varme, indtil kødet ikke længere er lyserødt; dræne.
b) Tilsæt tomater, bouillon, champignon, farin og chilipulver. Bring i kog. Reducer varmen; lad det simre uden låg i 30 minutter.
c) Tilføj pasta; bringes i kog igen. Reducer varmen; læg låg på og lad det simre, indtil pastaen er mør, 30-35 minutter. Drys med ost. Dæk til og kog indtil osten er smeltet, 2-3 minutter længere.

41. Angel Hair Shrimp Bage

INGREDIENSER : _
- 1 pakke (9 ounce) nedkølet englehårpasta
- 1-1/2 pund ubehandlede mellemstore rejer, pillede og deveirede
- 3/4 kop smuldret fetaost
- 1/2 kop revet schweizerost
- 1 krukke (16 ounce) chunky salsa
- 1/2 kop revet Monterey Jack ost
- 3/4 kop hakket frisk persille
- 1 tsk tørret basilikum
- 1 tsk tørret oregano
- 2 store æg
- 1 kop halv og halv fløde
- 1 kop almindelig yoghurt
- Frisk hakket persille, valgfrit

INSTRUKTIONER:
a) I en smurt 13x9-tommer. bageform, lag halvdelen af pastaen, rejer, fetaost, schweizerost og salsa i lag. Gentag lag. Drys med Monterey Jack ost, persille, basilikum og oregano.

b) I en lille skål piskes æg, fløde og yoghurt; hældes over gryden. Bages uden låg ved 350° indtil et termometer viser 160°, 25-30 minutter. Lad stå i 5 minutter før servering. Hvis det ønskes, top med hakket persille.

42.Rejer Scampi Skillet

INGREDIENSER:
- 5 spiseskefulde smør
- 2 spiseskefulde olivenolie
- ½ hel mellemstor løg, fint hakket
- 4 fed hvidløg, hakket
- 1-pund store rejer, pillede og deveirede
- ½ dl hvidvin
- 4 streger varm sauce
- 2 hele citroner, juicede
- Salt og friskkværnet sort peber, efter smag
- 8 ounce, vægt Angel Hair Pasta
- Frisk hakket basilikum efter smag
- Frisk hakket persille, efter smag
- ½ kopper Frisk revet Parmesanost

INSTRUKTIONER:

a) Varm olivenolie og smelt smør i en stor stegepande ved middel varme. Tilsæt løg

b) & hvidløg og steg i to eller tre minutter, eller indtil løgene er gennemsigtige. Tilsæt rejer, rør rundt og kog i et par minutter. Pres citronsaft i. Tilsæt vin, smør, salt og peber og varm sauce. Du kan tilføje mere varm sauce efter ønske. Rør rundt og reducer varmen til lav.

c) Smid englehårspasta i det kogende vand. Kog indtil lige færdig/AL dente.

d) Dræn, gem en kop eller to af pastavandet.

e) Fjern stegepanden fra varmen. Tilsæt pasta og vend, tilsæt et skvæt pastavand, hvis det skal fortyndes. Smag til krydderier, tilsæt salt og peber, hvis det er nødvendigt.

f) Hæld ud på stort serveringsfad og top derefter med friskrevet parmesanost og hakket persille. Server straks. God fornøjelse.

GNOCCHI

43.Cremet kylling og gnocchi på én pande

Giver: 4 portioner
INGREDIENSER:
- 1 1/2 lb. udbenet kyllingebryst uden skind
- Kosher salt
- Friskkværnet sort peber
- 2 spsk ekstra jomfru olivenolie (delt)
- 1 lille skalotteløg i tern
- 8 oz. baby bella svampe, skåret i skiver
- 2 fed hvidløg, hakket
- 2 tsk. friske timianblade
- 1 tsk. tørret oregano
- 1 kop lavnatrium kyllingebouillon
- 1 1/4 kopper halv og halv
- Kniv knust rød peberflager
- 1 (17-oz.) pakke gnocchi
- 3/4 kop revet mozzarella
- 1/2 kop friskrevet parmesan
- 3 kopper pakket babyspinat

INSTRUKTIONER:
a) Krydr kyllingen på begge sider med salt og peber. Opvarm 1 spsk olie i en stor stegepande over medium-høj varme. Tilsæt kyllingen og steg indtil den bliver gylden, cirka 4 minutter på hver side. Fjern kyllingen fra gryden.
b) Reducer varmen til medium og tilsæt den resterende 1 spsk olie. Tilsæt skalotteløg og svampe og kog til de er gyldne, hvilket tager cirka 5 minutter. Tilsæt hvidløg, timian og oregano, og kog indtil dufter i endnu et minut. Hæld kyllingebouillonen i og skrab eventuelle brune stykker op fra bunden af gryden. Tilsæt langsomt det halve og det halve. Bring blandingen i kog og krydr den med salt, peber og en knivspids rød peberflager. Rør gnocchien i og kom kyllingen tilbage i gryden. Lad det simre, indtil kyllingen er gennemstegt med en indre temperatur på 165°F, hvilket bør tage 8 til 10 minutter. Rør af og til. Når kyllingen er stegt, skal du fjerne den fra panden.
c) Tilsæt mozzarella- og parmesanosten og rør rundt, indtil de smelter. Tilsæt derefter spinaten og rør, indtil den visner.
d) Skær kyllingen i skiver og kom den tilbage i gryden. Smag til med mere salt og peber efter smag.

44. Gnocchi med urtepesto

Giver: 1 portioner
INGREDIENSER:
- 6 liter Saltet vand
- Gnocchi
- ½ kop Kyllingefond eller reserveret gnocchi kogevand
- 3 spiseskefulde Usaltet smør
- 1 kop Bønner
- 6 spiseskefulde Urtepesto
- Salt og peber
- ½ kop Friskrevet Parmigiano-Reggiano ost

INSTRUKTIONER:
a) Bring saltvandet i kog og tilsæt derefter gnocchi. Kog gnocchi, under omrøring forsigtigt, indtil de er møre, cirka 1 minut efter, at de er steget til overfladen af gryden.
b) Bring i mellemtiden bouillon og smør i en stor, dyb stegepande ved middel varme. Tilsæt bønner og pesto og smag til med salt og peber. Bring i kog og tag af varmen.
c) Fjern gnocchi fra vandet og tilsæt til stegepanden. Varm igennem, indtil den er dækket med saucen. Fjern fra varmen og rør osten i. Server straks.

45. Salvie og Mascarpone Gnocchi

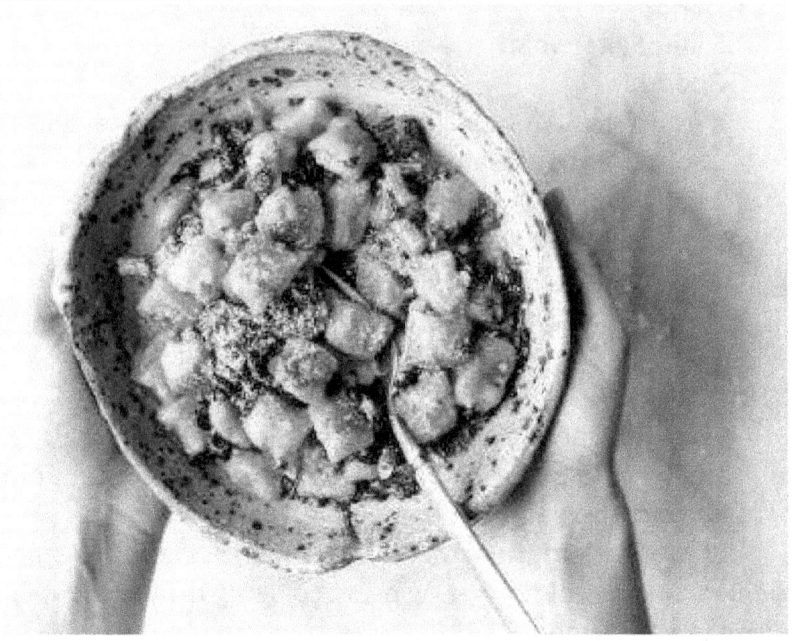

Gør: 12
INGREDIENSER:
- 1 lb. butternut squash
- 1/2 kop usaltet smør
- 1 kop mascarpone ost
- 1 knivspids cayennepeber
- 1/2 kop fintrevet Parmigiano-Reggiano
- salt og kværnet sort peber efter smag
- ost
- 1/4 kop friske salvieblade i tynde skiver
- 2 store æg
- 1 spsk fintrevet Parmigiano-Reggiano
- 1 1/2 tsk salt
- ost
- 1/2 tsk kværnet sort peber
- 1 kop universalmel, delt

INSTRUKTIONER:
a) Skær stilken af butternut squashen og halver den på langs.
b) Læg butternut squashen i et mikroovnssikkert fad.
c) Dæk skålen til med en plastfolie og lad den stå i mikrobølgeovnen i cirka 8 minutter.
d) Overfør squashen til en tallerken foret med køkkenrulle til afkøling, og pil derefter skindet af.
e) Tilsæt mascarponeosten, 1/2 kop Parmigiano-Reggiano-osten, æg, salt og sort peber i en skål, og pisk indtil glat.
f) Tilsæt butternut squash og pisk til det er godt blandet.
g) Tilsæt 1/2 kop af melet og pisk indtil det lige er blandet.
h) Tilsæt den resterende 1/2 kop af melet og rør, indtil det lige er blandet.
i) Stil på køl, tildækket i mindst 8 timer.
j) Tilsæt saltet vand i en stor gryde og bring det i kog.
k) I en stor nonstick-gryde smeltes cirka 1/3 af smørret og tages af varmen.
l) Tag cirka 1 1/2 tsk af squashdejen og skub dejen med en anden ske og læg den i det kogende vand.
m) Gentag med den resterende dej i partier.
n) Når gnocchi stiger til overfladen af vandet, koges i 1 minut mere.
o) Med en hulske overføres gnocchierne til gryden med det smeltede smør.
p) Sæt gryden på mellemhøj varme og kog gnocchierne i cirka 3 minutter.
q) Drys med cayennepeber, salt og sort peber.
r) Vend gnocchierne og rør salviebladene i.
s) Kog i cirka 2-3 minutter.
t) Kom gnocchierne over på en tallerken og dryp med brunet smør fra gryden.
u) Server med en pynt på 1 spsk af Parmigiano-Reggiano osten.

FETTUCINI

46.Klassisk Alfredo

Gør: 8
INGREDIENSER:
- 6 skindfri, udbenet kyllingebrysthalvdele
- 3/4 tsk kværnet hvid peber
- 3 C. mælk
- 6 spsk smør, delt
- 1 kop halv og halv
- 4 fed hvidløg, hakket, delt
- 3/4 C. revet parmesanost
- 1 spsk italiensk krydderi
- 8 oz. revet Monterey Jack ost
- 1 lb. fettuccini pasta
- 3 roma (blomme) tomater i tern
- 1 løg, i tern
- 1/2 kop creme fraiche
- 1 (8 oz.) pakke skåret champignon
- 1/3 kop universalmel
- 1 spsk salt

INSTRUKTIONER:
a) Rør din kylling efter at have overtrukket den med italiensk krydderi i 2 spiseskefulde smør med 2 stykker hvidløg.
b) Steg kødet til det er helt gennemstegt og læg derefter det hele til siden.
c) Kog nu din pasta i vand og salt i 9 minutter og fjern derefter alle væsker.
d) Steg samtidig dine løg i 4 spiseskefulde smør sammen med svampe og 2 stykker hvidløg mere.
e) Fortsæt med at stege blandingen, indtil løgene er gennemsigtige, og kom derefter i peber, salt og mel.
f) Rør og kog blandingen i 4 minutter. Tilsæt derefter gradvist din halvanden og mælken, mens du rører, indtil alt er glat.
g) Kom Monterey og parmesan i, og lad blandingen koge, indtil osten er smeltet, og tilsæt derefter kylling, creme fraiche og tomater.
h) Server din pasta rigeligt toppet med kyllingeblandingen og saucen.

47. Crimini Pasta Bag

Gør: 6

INGREDIENSER:
- 8 crimini svampe
- 1/3 kop parmesanost, revet
- 1 kop broccolibuket
- 3 spiseskefulde urter fra Provence
- 1 kop spinat, frisk blad, tæt pakket
- 2 spsk ekstra jomfru olivenolie
- 2 røde peberfrugter, i julien
- 1 spsk salt
- 1 stort løg, hakket
- 1/2 spsk peber
- 1 kop mozzarellaost, revet
- 1 kop tomatsauce
- 2/3 lb. pasta (fettuccine eller penne fungerer godt)

INSTRUKTIONER:

a) Inden du gør noget, skal du indstille ovnen til 450 F. Smør en ildfast fad med olie eller madlavningsspray.

b) Få en stor røreskål: Smid svampe, broccoli, spinat, peber og løg i den.

c) Tilsæt 1 spsk olivenolie, salt, peber og vend dem igen.

d) Fordel grøntsagerne i det smurte fad og steg det i ovnen i 10 min.

e) Kog pastaen, indtil den bliver dente. Dræn pastaen og stil den til side.

f) Få en stor røreskål: Bland 1 spiseskefulde olivenolie med bagte grøntsager, pasta, urter og mozzarellaost. Fordel blandingen tilbage i ildfast faden.

g) Drys osten ovenpå og kog den i 20 min. Server den lun og nyd.

48.Hvidløg Parmesan Pasta i en gryde

INGREDIENSER:
- 2 spsk usaltet smør
- 4 fed hvidløg, finthakket
- 2 kopper hønsebouillon (470 ml)
- 1 kop mælk (235 ml)
- 8 oz fettuccine (225 g)
- Salt, efter smag
- Peber, efter smag
- ¼ kop revet parmesanost (25 g)
- 2 spsk frisk persille, hakket

INSTRUKTIONER:

a) I en stor stegepande opvarmes usaltet smør over medium-høj varme. Tilsæt det hakkede hvidløg og steg under jævnlig omrøring, indtil det dufter (ca. 1-2 minutter).

b) Tilsæt kyllingebouillon, mælk og fettuccine til gryden. Smag til med salt og peber.

c) Bring blandingen i kog, reducer derefter varmen og lad det simre under omrøring af og til, indtil pastaen er gennemstegt (ca. 18-20 minutter).

d) Rør revet parmesanost i. Hvis blandingen er for tyk, justeres konsistensen ved at tilføje mere mælk efter behov.

e) Server straks og pynt med friskhakket persille.

f) Nyd dette lækre og ligetil måltid!

49.One-Pot Kylling Bacon Fettuccine Alfredo

Gør: 6 personer
INGREDIENSER:
- 8 strimler bacon, hakket og fedtet trimmet
- 2 store kyllingebryst, skåret i 1-tommers stykker
- 4 fed hvidløg, hakket
- 2 teskefulde Kosher salt
- 1 tsk peber
- 6 1/2 kopper mælk (fuldt fedt eller 2%); du kan også bruge halv og halv
- 500 g (1 pund) tør fettuccine pasta
- 1 stort broccolihoved, skåret i buketter med stilken fjernet
- 1 kop friskrevet parmesanost

INSTRUKTIONER:
a) I en stor gryde eller gryde steges baconen ved middelhøj varme, indtil den bliver sprød.
b) Tilsæt kyllingen i tern og svits til den er gennemstegt. Medtag det hakkede hvidløg, og kog indtil dufter (ca. 2 minutter). Smag til med salt og peber.
c) Hæld mælken i, rør rundt og lad det koge let op. Reducer straks varmen og tilsæt fettuccinepastaen.
d) Rør af og til i 5-6 minutter, eller indtil pastaen begynder at blive blød og bøjet. Tilsæt broccoli, rør rundt og dæk gryden med et låg. Fortsæt med at koge, under omrøring af og til, indtil pastaen er kogt og når en al dente-struktur (ca. yderligere 7 minutter).
e) Rør parmesanosten i og bland indtil den smelter ind i saucen. Hvis saucen bliver for tyk, tilsættes mere mælk efter behov.
f) Server med ekstra peber og parmesanost, hvis det ønskes.
g) Nyd en sundere version af denne klassiske ret med al smag og mindre ballade.

50.Svampefettuccine

Giver: 8 portioner

INGREDIENSER:
- 1/2 kop Land O Lakes® smør (delt)
- 2 fed friskhakket hvidløg (eller en knivspids hvidløgssalt)
- 16 ounce friske skiver svampe
- 1 kop kraftig piskefløde
- 1 pund fettuccine
- 1/2 kop parmesanost
- 1 kop reserveret pastavand
- 1 tsk salt (tilpas efter smag)
- Friskkværnet sort peber
- Frisk persille til topping

INSTRUKTIONER:
a) Start med at rense svampene. Smelt 2 spsk smør i en stor stegepande og tilsæt hvidløg og svampe. Sauter indtil svampene bliver bløde og får en dyb brun farve, hvilket bør tage cirka 10-15 minutter.

b) Tilsæt fløden og det resterende smør i gryden. Lad det simre ved svag varme.

c) Mens din svampesauce simrer, kog fettuccinen i en stor gryde efter pakkens anvisninger. Når den er kogt, drænes fettuccinen, gem en lille mængde af pastavandet tilbage og kom den tilbage i gryden.

d) Kombiner svampesaucen med den varme fettuccine i gryden. Smid det hele sammen med en tang. Tilsæt parmesanost og op til 1 kop reserveret pastavand efter behov for at opnå den ønskede konsistens. Smag til med salt og friskkværnet peber.

e) Nu kan du stå ved komfuret og nyde denne lækre ret direkte fra gryden. Det er så godt!

RIGATONI PASTA

51.Romano Rigatoni gryderet

Gør: 6

INGREDIENSER:

- 1 lb. stødt pølse
- 1/4 kop Romano ost, revet
- 1 (28 oz.) dåse tomatsauce i italiensk stil
- hakket persille, til pynt
- 1 (14 1/2 oz.) dåse cannellini bønner, drænet og skyllet
- 1 (16 oz.) BOX rigatoni pasta
- 1/2 tsk hakket hvidløg
- 1 tsk italiensk krydderi
- 3 C. revet mozzarellaost

INSTRUKTIONER:

a) Inden du gør noget, skal du indstille ovnen til 350 F. Smør en stor ildfast fad med lidt smør eller olie.

b) Stil en stor gryde på medium varme. Tilsæt hvidløg med pølser og steg dem i 6 min.

c) Tilsæt tomatsauce, bønner og italiensk krydderi og kog dem i 5 minutter ved lav varme.

d) Kog pastaen efter producentens anvisninger. Dræn pastaen og sæt den i gryden.

e) Hæld halvdelen af pølsepastablandingen i den smurte gryde, og top den med halvdelen af mozzarellaosten. Gentag processen for at lave endnu et lag.

f) Top gryden med romano ost og læg derefter et stykke folie på. Tilbered rigatoni-gryden i ovnen i 26 min.

g) Server din rigatoni varm.

52.Vegansk Rigatoni basilikum

Gør: 6

INGREDIENSER:
- 1 1/2 (8 oz.) pakker rigatoni pasta
- 6 blade frisk basilikum, skåret i tynde skiver
- 2 spsk olivenolie
- 6 kviste frisk koriander, hakket
- 2 fed hvidløg, hakket
- 1/4 kop olivenolie
- 1/2 (16 oz.) pakke tofu, drænet og skåret i tern
- 1/2 tsk tørret timian
- 1 1/2 tsk sojasovs
- 1 lille løg, skåret i tynde skiver
- 1 stor tomat i tern
- 1 gulerod, revet

INSTRUKTIONER:

a) Kog pastaen efter anvisningen på pakken.

b) Stil en stor pande over medium varme. Opvarm 2 spiseskefulde olivenolie heri. Tilsæt hvidløg og kog det i 1 min 30 sek.

c) Rør timian med tofu. Kog dem i 9 min. Rør sojasaucen i og sluk for varmen.

d) Få en stor røreskål: Smid rigatoni, tofublanding, løg, tomat, gulerod, basilikum og koriander i den. Dryp olivenolien over pastasalaten og server den.

ALBUUE MACARONI

53.BLT pastasalat

Gør: 6
INGREDIENSER:
- 2 kopper albuemakaroni
- 1 ¼ kop mayonnaise
- 2 spsk balsamicoeddike
- 1 kop halverede cherrytomater
- ¼ kop hakket rød peberfrugt
- 3 spsk hakket spidskål
- ½ kop revet cheddarost
- Salt og peber efter smag
- ½ tsk dild
- 10 baconskiver
- 8 oz. hakket romainesalat

INSTRUKTIONER:
a) Kog makaronien i en gryde med saltet vand i 10 minutter. Afdryp og overfør til en salatskål.
b) Tilsæt mayonnaise, balsamicoeddike, tomater, peberfrugt, spidskål, ost, salt, peber og dild til makaronien og rør det godt sammen.
c) Afkøl i 3 timer.
d) Steg baconen i 10 minutter, til den er sprød.
e) Dræn baconen og lad den køle af, og smuldr derefter baconen.
f) Top salaten med smuldret bacon.
g) Server på romainesalat.

54. Spinat og artiskok mac-and-cheese

Gør: 6 TIL 8
INGREDIENSER:
- 6 spsk saltet smør, ved stuetemperatur, plus mere til smøring
- 1 (1-pund) kasse med kort skåret pasta, såsom makaroni
- 2 kopper sødmælk
- 1 (8-ounce) pakke flødeost, i tern
- 3 kopper revet skarp cheddarost
- Kosher salt og friskkværnet peber
- Kværnet cayennepeber
- 2 kopper pakket frisk babyspinat, hakket
- 1 (8-ounce) krukke marinerede artiskokker, drænet og groft hakket
- 1½ kopper knuste Ritz-kiks (ca. 1 ærme)
- ¾ tsk hvidløgspulver

INSTRUKTIONER:
a) Forvarm ovnen til 375°F. Smør en 9 × 13-tommer bradepande.
b) I en stor gryde bringes 4 kopper saltet vand i kog over høj varme. Tilsæt pastaen og kog under omrøring af og til i 8 minutter. Rør mælk og flødeost i og kog indtil flødeosten er smeltet og pastaen er al dente, ca. 5 minutter mere.
c) Tag gryden af varmen og rør 2 kopper cheddar og 3 spsk smør i. Smag til med salt, peber og cayennepeber. Rør spinat og artiskokker i. Hvis saucen føles for tyk, tilsæt ¼ kop mælk eller vand for at fortynde den.
d) Overfør blandingen til den forberedte bageform. Top med den resterende 1 kop cheddar.
e) I en mellemstor skål røres kiksene, de resterende 3 spiseskefulde smør og hvidløgspulveret sammen. Drys krummerne jævnt over mac og ost.
f) Bages indtil saucen bobler og krummerne er gyldne, cirka 20 minutter. Lad afkøle i 5 minutter og server. Opbevar eventuelle rester på køl i en lufttæt beholder i op til 3 dage.

55.Chili Mac gryderet

INGREDIENSER:
- 1 kop ukogte albuemakaroni
- 2 pund magert oksekød (90% magert)
- 1 mellemstor løg, hakket
- 2 fed hvidløg, hakket
- 1 dåse (28 ounce) tomater i tern, udrænet
- 1 dåse (16 ounce) kidneybønner, skyllet og drænet
- 1 dåse (6 ounce) tomatpure
- 1 dåse (4 ounce) hakket grøn chili
- 1-1/4 tsk salt
- 1 tsk chilipulver
- 1/2 tsk stødt spidskommen
- 1/2 tsk peber
- 2 kopper strimlet mexicansk osteblanding med reduceret fedtindhold
- Grønne løg i tynde skiver, valgfrit

INSTRUKTIONER:
a) Kog makaroni efter anvisning på pakken. I mellemtiden, i en stor nonstick stegepande, kog oksekød, løg og hvidløg over medium varme, indtil kødet ikke længere er pink, bryde kød i smuldrer; dræne. Rør tomater, bønner, tomatpure, chili og krydderier i. Dræn makaroni; tilsæt til oksekødsblandingen.

b) Overfør til en 13x9-in. bradepande belagt med madlavningsspray. Dæk til og bag ved 375° indtil boblende, 25-30 minutter. Afdække; drys med ost. Bag indtil osten er smeltet, 5-8 minutter længere. Hvis det ønskes, top med skiver grønne løg.

ZITI PASTA

56. Bagt Ziti

Gør: 10

INGREDIENSER:
- 1 lb. ziti pasta
- 1 spsk olivenolie
- 1 lb. hakket oksekød
- Salt og peber efter smag
- ½ tsk hvidløgssalt
- ½ tsk hvidløgspulver
- 1 hakket løg
- 6 kopper tomatsauce
- ½ tsk oregano
- ½ tsk basilikum
- 1 kop ricotta ost
- 1 sammenpisket æg
- 1 kop. revet mozzarellaost
- ¼ kop revet pecorino ost

INSTRUKTIONER:
a) Kog zitien i en gryde med saltet vand i 10 minutter. Dræn vandet fra.
b) Varm olivenolien op i en gryde.
c) Smag oksekødet til med salt, peber, hvidløgssalt og hvidløgspulver.
d) Brun kødet og løget i gryden i 5 minutter.
e) Hæld tomatsaucen i og smag til med oregano og basilikum.
f) Lad det simre i 25 minutter.
g) Forvarm ovnen til 350 grader.
h) Pisk æg og ricottaost sammen.
i) Drys med pecorinoosten.
j) Overfør halvdelen af pastaen og halvdelen af saucen til en ovnfast fad.
k) Tilsæt halvdelen af ricottaosten.
l) Top med halvdelen af mozzarellaosten.
m) Lav endnu et lag pasta, sauce og mozzarella.
n) Bages i 25 minutter. Ostene skal være boblende.

57. Provolone Ziti Bage

Ingredienser : _
- 1 spsk olivenolie
- 1 mellemstor løg, hakket
- 3 fed hvidløg, hakket
- 2 dåser (28 ounce hver) italienske knuste tomater
- 1-1/2 dl vand
- 1/2 kop tør rødvin eller bouillon med reduceret natrium
- 1 spsk sukker
- 1 tsk tørret basilikum
- 1 pakke (16 ounce) ziti eller små rørspasta
- 8 skiver provolone ost

INSTRUKTIONER:
a) Forvarm ovnen til 350°. I en 6-qt. gryde, opvarm olie over medium-høj varme. Tilføj løg; kog og rør i 2-3 minutter eller indtil de er møre. Tilsæt hvidløg; kog 1 minut længere. Rør tomater, vand, vin, sukker og basilikum i. Bring i kog; fjern fra varmen. Rør ukogte ziti i.

b) Overfør til en 13x9-in. bradepande belagt med madlavningsspray. Bages, tildækket, 1 time. Top med ost. Bages, uden låg, 5-10 minutter længere, eller indtil ziti er mør og osten er smeltet.

58.Oksekød Ziti gryderet

Gør: 1 portion

INGREDIENSER:
- 8 ounces ukogte Ziti makaroni
- 1 dåse (16 oz.) skåret grønne bønner, drænet
- 1 dåse (11 oz.) Green Giant Niblets Corn, drænet
- 1 pund hakkebøf
- 2 dåser (10 3/4 oz. hver) Campbells kondenserede gyldne svampesuppe
- 1 dåse (14 1/2 oz.) Del Monte stuvede tomater (chunky pasta stil eller italiensk stil, alt efter ønske)
- 1 tsk knuste tørrede basilikumblade
- ¼ teskefuld peber
- ½ tsk hvidløgspulver
- 2 kopper revet skarp cheddarost

INSTRUKTIONER:

a) Forvarm ovnen til 400 grader.

b) Kog Ziti-makaronien i henhold til pakkens anvisninger, og dræn derefter.

c) Kom den kogte Ziti og de drænede grønne bønner og majs tilbage i gryden, der blev brugt til Ziti.

d) I en 10-tommer stegepande over medium varme, brun hakkebøffer, omrør for at bryde det fra hinanden; dræn derefter fedtet af.

e) Rør den gyldne svampesuppe, stuvede tomater, tørret basilikum, peber og hvidløgspulver i det kogte oksekød. Opvarm blandingen grundigt.

f) Tilsæt suppeblandingen til Ziti- og grøntsagsblandingen, og bland godt.

g) Hæld blandingen i en smurt 13 x 9-tommers bageform.

h) Dæk fadet med folie og bag i 15 minutter.

i) Afdæk gryden, drys den med revet ost, og bag i yderligere 5 minutter, eller indtil osten er smeltet. God fornøjelse!

59. Bagt Ziti

Gør: 6 portioner
INGREDIENSER:
- 1 pund kogt Ziti
- 1 pund kogt hakkebøf
- 1 pakke (15 oz) Ricotta ost
- ¼ kop persille
- ½ kop parmesanost
- 1 æg
- 2 kopper revet mozzarellaost
- 3 kopper sauce efter eget valg

INSTRUKTIONER:
a) Kombiner ricottaost, æg, persille og parmesanost i en røreskål.
b) Bland forsigtigt den kogte hamburger med denne osteblanding.
c) Tilsæt den kogte Ziti til blandingen og bland godt.
d) Bland ¾ af saucen efter eget valg.
e) Fordel blandingen i en bradepande.
f) Hæld den resterende sauce ovenpå.
g) Drys den revne mozzarella ost over saucen.
h) Bages ved 350°F i 30-35 minutter, eller indtil det bobler, og osten er smeltet og let brunet.
i) Nyd din lækre Bagt Ziti!

60. Ziti pølsebag

Gør: 1 portion
INGREDIENSER:
- 8 ounce Ziti, kogt i henhold til pakkens anvisninger
- 4 led italiensk pølse (varm eller sød, eller en kombination af begge)
- 1¾ kopper Halv og Halv
- 1½ kop revet Fontina ost
- ½ kop hakket grøn peber (valgfrit)
- Salt og peber efter smag
- ¼ kop revet italiensk ost

INSTRUKTIONER:
a) Kog Ziti'en i henhold til pakkens anvisninger og dræn den af.
b) Fjern pølsen fra tarmen, smuldr den og brun den i en gryde. Dræn det overskydende fedt.
c) Tilføj den brunede pølse til den kogte pasta sammen med den hakkede peber (hvis du bruger), 1 kop halv og halv, 1 kop Fontina ost og revet italiensk ost. Bland alt sammen.
d) Hæld blandingen i en smurt 13x9-tommer bageform.
e) Dæk fadet til og bag det ved 350°F i 20 minutter.
f) Afdæk fadet og top det med den resterende halvdel og halvdelen og Fontina ost.
g) Bages i yderligere 10 minutter, eller indtil osten er smeltet og retten bobler.
h) Lad det stå i 5 minutter inden servering.
i) Nyd din Ziti-pølsebag!

SPAGHETTI PASTA

61. Pesto rejer med pasta

Gør: 4
INGREDIENSER:
- 8 oz. spaghetti
- 2 hakkede fed hvidløg
- Salt efter smag
- 1 spsk olivenolie
- 8 oz. asparges
- 1 kop skiver hvide svampe
- ¾ pund pillede og udvundne rejer
- ⅛ teskefulde rød peber
- ¼ kop pesto – eller tilbered din egen
- 2 spsk revet parmesanost

INSTRUKTIONER:
a) Kom spaghettien i en gryde med kogende saltet vand og kog i 10 minutter.
b) Dræn spaghettien, men hold lidt af pastavandet til side.
c) Varm olivenolien op i en gryde.
d) Svits hvidløg, asparges og svampe i 5 minutter, eller til de er møre.
e) Tilsæt rejerne i gryden og krydr med rød peber
f) Kog i 5 minutter.
g) Hvis der er brug for væske, tilsæt et par spiseskefulde pastavand.
h) Kombiner pestosaucen og parmesanosten.
i) Rør pestoen i rejerne.
j) Kog i 5 minutter
k) Server over spaghettien.

62.Tun Pasta

Gør: 4
INGREDIENSER:
- 2 spsk olivenolie
- 1 (7 oz.) dåse oliepakket tun, drænet
- 1 ansjosfilet
- 1/4 kop frisk fladbladet persille i tern
- 2 spsk kapers
- 1 (12 oz.) pakke spaghetti
- 3 fed hakket hvidløg
- 1 spsk ekstra jomfru olivenolie, eller efter smag
- 1/2 kop tør hvidvin
- 1/4 kop friskrevet Parmigiano-Reggiano
- 1/4 tsk tørret oregano
- ost eller efter smag
- 1 knivspids rød peberflager, eller efter smag
- 1 spsk frisk fladbladet persille i tern, eller efter smag 3 C. knuste italienske (blomme)tomater
- salt og kværnet sort peber efter smag
- 1 knivspids cayennepeber, eller efter smag

INSTRUKTIONER:
a) Omrørssteg dine kapers og ansjoser i olivenolie i 4 minutter, kom derefter hvidløg i og fortsæt med at stege blandingen i 2 minutter mere.
b) Tilsæt nu peberflager, hvidvin og appelsin.
c) Rør blandingen og skru op for varmen.
d) Lad blandingen koge i 5 minutter, før du tilsætter tomaterne og bringer blandingen til at simre let.
e) Når blandingen simrer tilsættes: cayennepeber, sort peber og salt.
f) Sæt varmen til lav og lad det hele koge i 12 minutter.
g) Begynd nu at koge din pasta i vand og salt i 10 minutter, fjern derefter alle væsker og lad pastaen blive i gryden.
h) Kom de simrende tomater sammen med pastaen og læg låg på gryden. Med et lavt varmeniveau opvarmes alt i 4 minutter.
i) Når du serverer din pastatop, den med lidt Parmigiano-Reggiano, persille og olivenolie.

63. Sunny Hot Spaghetti

Gør: 2
INGREDIENSER:
- 2 1/2 kop kogt spaghetti
- 1 tsk oregano
- 1/4 kop olivenolie
- 1 tsk hvidløgsgranulat eller 2 spsk frisk hvidløg
- 8 pepperoncini peberfrugter, finthakket
- 1/2 kop spaghetti sauce

INSTRUKTIONER:
a) Stil en stor pande på medium varme. Varm olien op i den. Tilsæt krydderurterne med peberfrugt og kog dem i 4 minutter.
b) Rør saucen i med kogt spaghetti og kog den derefter i 3 minutter.
c) Server din spaghetti varm med det samme.
d) God fornøjelse.

64. Spaghetti Bolognese stegepande

Gør: 6 portioner
INGREDIENSER:
- 12 ounce (340 g) spaghetti
- 1 pund (450 g) hakket oksekød
- 1 mellemstor løg, finthakket
- 2 fed hvidløg, hakket
- 28-ounce dåse knuste tomater
- 2 spsk tomatpure
- 1 tsk tørret oregano
- 1 tsk tørret basilikum
- ½ tsk rød peberflager
- Salt og sort peber efter smag
- ¼ kop rødvin (valgfrit)
- Friske basilikumblade til pynt
- Olivenolie til smøring

INSTRUKTIONER:
a) Forvarm din ovn til 375°F (190°C).
b) I en stor gryde med kogende saltet vand koges spaghettien efter anvisningen på pakken, indtil den er akkurat al dente. Dræn og sæt til side.
c) I en stor ovnfast stege varmes en smule olivenolie op over medium-høj varme. Tilsæt de hakkede løg og steg indtil de bliver gennemsigtige, cirka 2-3 minutter.
d) Tilsæt hakkekødet til stegepanden og steg det, bræk det fra hinanden med en ske, indtil det er brunet og ikke længere lyserødt, cirka 5-7 minutter. Hvis der er overskydende fedt, skal du dræne det.
e) Rør det hakkede hvidløg i og steg i yderligere 1-2 minutter, indtil det dufter.
f) Tilsæt de knuste tomater, tomatpure, tørret oregano, tørret basilikum, rød peberflager, salt og sort peber. Hvis du bruger rødvin, så hæld den i på dette tidspunkt. Rør godt for at kombinere alle ingredienserne og bring saucen til en let opkogning.
g) Lad det koge i cirka 10 minutter, så smagene smelter sammen og saucen tykner lidt.
h) Smid den kogte spaghetti i gryden, og bland den grundigt med Bolognese saucen. Fjern fra varmen.
i) Overfør stegepanden til den forvarmede ovn og bag i cirka 20-25 minutter.
j) Når stegepanden er ude af ovnen, pyntes den med friske basilikumblade og serveres.

65. Bay kammuslinger med spaghetti

Gør: 4

INGREDIENSER:
- 8 oz. spaghetti
- ⅓ kop tør hvidvin
- 3 spiseskefulde smør
- 1 lb. laurbærmusling
- 4 hakkede fed hvidløg
- 1 knivspids rød peberflager
- 1 kop tung fløde
- Salt og peber efter smag
- Saft af en halv citron
- ¼ kop revet Pecorino-Romano

INSTRUKTIONER:
a) Kog spaghettien i en gryde med saltet vand i 10 minutter. Dræn og sæt til side.
b) Varm smørret op i en stor gryde.
c) Tilsæt kammuslingerne i et enkelt lag og brun i 2 minutter ved middel varme.
d) Vend kammuslingerne og brun den anden side i 1 minut mere.
e) Rør hvidløg, rød peberflager og vin i og kog i 1 minut. Sørg for ikke at overkoge kammuslingerne.
f) Smag til med salt, peber og saften af en halv citron.
g) Rør spaghettien i gryden og kom den sammen med kammuslingerne.
h) Lad det simre i 2 minutter og top med revet ost.

66.Sunny Hot Spaghetti

Gør: 2

INGREDIENSER:
- 2 1/2 kop kogt spaghetti
- 1 tsk oregano
- 1/4 kop olivenolie
- 2 spsk frisk hvidløg
- 8 pepperoncini peberfrugter, finthakket
- 1/2 kop spaghetti sauce

INSTRUKTIONER:

a) Stil en stor pande på medium varme. Varm olien op i den. Tilsæt krydderurterne med peberfrugt og kog dem i 4 min.

b) Rør saucen i med kogt spaghetti og kog den derefter i 3 min.

c) Server din spaghetti varm med det samme.

67. Kylling Tetrazzini

INGREDIENSER : _
- 8 ounce ubehandlet spaghetti
- 2 tsk plus 3 spsk smør, delt
- 8 baconstrimler, hakket
- 2 kopper friske champignon i skiver
- 1 lille løg, hakket
- 1 lille grøn peberfrugt, hakket
- 1/3 kop universalmel
- 1/4 tsk salt
- 1/4 tsk peber
- 3 kopper hønsebouillon
- 3 kopper groft strimlet rotisserie kylling
- 2 kopper frosne ærter (ca. 8 ounces)
- 1 krukke (4 ounce) pimientos i tern, drænet
- 1/2 kop revet romano eller parmesanost

INSTRUKTIONER:

a) Forvarm ovnen til 375°. Kog spaghetti efter anvisningen på pakken for al dente. Dræne; overførsel til en smurt 13x9-in. bage fad. Tilsæt 2 tsk smør og vend til belægning.

b) I mellemtiden koger du bacon i en stor stegepande over medium varme, indtil det er sprødt, og rør af og til. Fjern med en hulske; afdryppe på køkkenrulle. Kassér dryppende, og behold 1 spiseskefuld i gryden. Tilføj svampe, løg og grøn peber til drypper; kog og rør ved medium-høj varme 5-7 minutter eller indtil de er møre. Fjern fra panden.

c) I samme gryde opvarmes det resterende smør over medium varme. Rør mel, salt og peber i, indtil det er glat; piskes gradvist i bouillon. Bring i kog, under omrøring af og til; kog og rør i 3-5 minutter, eller indtil de er lidt tykkere. Tilsæt kylling, ærter, pimientos og svampeblanding; varm igennem, rør af og til. Hæld spaghetti over. Drys med bacon og ost.

d) Bages uden låg i 25-30 minutter eller indtil de er gyldenbrune. Lad stå 10 minutter før servering.

68.Bagte rigatoni og frikadeller

INGREDIENSER : _
- 3½ kop Rigatoni pasta
- 1⅓ kop mozzarella, strimlet
- 3 spsk parmesan, friskrevet
- 1 pund Mager malet kalkun

INSTRUKTIONER:
a) Frikadeller: Pisk æg let i skålen; bland løg, krymmel, hvidløg, parmesan, oregano, salt og peber i. Bland kalkun i.
b) Form dybe spiseskefulde til kugler.
c) I stor stegepande, opvarm olie over medium-høj varme; kog frikadeller, i portioner, hvis det er nødvendigt, i 8-10 minutter eller indtil de er brune på alle sider.
d) Tilsæt løg, hvidløg, svampe, grøn peber, basilikum, sukker, oregano, salt, peber og vand til stegepanden; kog over medium varme, under omrøring lejlighedsvis, i cirka 10 minutter, eller indtil grøntsagerne er bløde. Rør tomater og tomatpure i; bring i kog. Tilsæt frikadeller
e) I mellemtiden koger rigatoni i en stor gryde med kogende saltet vand . Overfør til 11x7-tommers bageform eller 8-kopps lavvandet ovngryde.
f) Drys mozzarella og derefter parmesan jævnt over toppen. Bage

69. Hurtig spaghettigryde

Gør: 4

INGREDIENSER:
- 1 lb. malet kalkun
- 1/2 tsk rød peberflager
- 2 fed hvidløg, hakket
- 8 oz. ukogt spaghetti, delt i tredjedele
- 1 lille grøn peberfrugt, hakket
- parmesan ost
- 1 lille løg, hakket
- 2 C. vand
- 1 (28 oz.) glas spaghetti i traditionel stil
- sovs

INSTRUKTIONER:

a) Stil en stor gryde over medium varme. Kog kalkunen med hvidløg, løg og grøn peber i det i 8 minutter.

b) Tilsæt vandet med peberflager, spaghetti sauce, et nip salt og peber.

c) Kog dem til de begynder at koge. Kom spaghettien i gryden.

d) Bring det i kog i 14 til 16 minutter eller indtil pastaen er færdig.

e) Få en røreskål:

f) God fornøjelse.

70. Nem spaghetti

Gør: 4
INGREDIENSER:
- 12 oz. spaghetti
- 1 spsk olivenolie
- 1 lb. hakket oksekød
- 1 hakket løg
- 3 hakkede fed hvidløg
- Salt og peber efter smag
- 1 tsk sukker
- ¼ teskefulde gurkemeje
- 2 spiseskefulde tomatpure
- 2 kopper tomatsauce
- 1 tsk italiensk krydderi

INSTRUKTIONER:
a) Tilbered pastaen i en gryde med kogende saltet vand i 10 minutter. Dræn og sæt til side.
b) Varm olivenolien op i en stor gryde.
c) Svits løg og hvidløg i 5 minutter.
d) Rør hakkebøffer, salt, peber og gurkemeje i og bland godt.
e) Tilsæt tomatpuré, tomatsauce og italiensk krydderi.
f) Lad det simre i 45 minutter.
g) Tilsæt spaghetti og bland med saucen.

71. Rejer Lo Mein

Gør: 2
INGREDIENSER:
- 8 oz. spaghetti
- ¼ kop sojasovs
- 3 spiseskefulde østerssauce
- 1 spsk honning
- ½ tomme spids revet ingefær
- 1 spsk olivenolie
- 1 hakket rød peberfrugt
- 1 hakket lille løg
- ½ kop hakkede vandkastanjer
- ½ kop cremini-svampe i skiver
- 3 hakkede fed hvidløg
- 1 lb. pillede og udvundne friske rejer
- 2 sammenpisket æg

INSTRUKTIONER:
a) Kog spaghettien i en gryde med saltet vand i 10 minutter. Dræn vandet fra.
b) Kombiner sojasovsen, østerssauce, honning og ingefær i en skål.
c) Varm olivenolien op i en stor gryde.
d) Svits peberfrugt, løg, vandkastanjer, champignon i 5 minutter.
e) Rør hvidløg og rejer i og rør i yderligere 2 minutter.
f) Flyt ingredienserne til den ene side af stegepanden og rør æggene på den anden side i 5 minutter.
g) Tilsæt spaghetti og sauce og bland alle ingredienser i 2 minutter.

72.Kylling Tetrazzini

Gør: 8
INGREDIENSER:
- 8 oz. spaghetti
- 1 spsk olivenolie
- 4 strimlede kyllingebryst
- Salt og peber efter smag
- 1 kop friske skiver champignon
- 1 hakket rød peberfrugt
- 1 hakket løg
- 4 hakkede fed hvidløg
- ¼ kop smør
- 3 spiseskefulde mel
- ½ tsk timian
- 1 kop hønsebouillon
- 1 kop halv og halv
- ¼ kop hvidvin
- ½ tsk hvidløgssalt
- ½ tsk oregano
- Peber efter smag
- ½ kop revet italiensk osteblanding

INSTRUKTIONER:
a) Kog spaghettien i en gryde med kogende saltet vand i 10 minutter.
b) Varm olien op i en stor gryde.
c) Brun peberfrugt, svampe, løg og hvidløg i gryden og sauter i 5 minutter, indtil grøntsagerne er bløde og kyllingen ikke længere lyserød.
d) Smelt smørret i en gryde og rør melet i.
e) Bliv ved med at røre, indtil der dannes en pasta.
f) Hæld langsomt bouillon, halvt og halvt, og vin i under konstant omrøring.
g) Smag saucen til med peber, oregano og timian.
h) Rør den italienske osteblanding i og rør i 5 minutter, indtil osten er smeltet.
i) Tilsæt det brunede og grøntsagerne og lad det simre i 5 minutter.

73.Pasta pølsegryde

Gør: 4
INGREDIENSER:
- 1/2 lb. magert hakkebøf
- 2 selleri ribben, skåret i skiver
- 1/4 lb. bulk italiensk pølse
- 4 oz. ukogt spaghetti, knækket på midten
- 2 (8 oz.) dåser uden salt tilsat tomatsauce
- 1/4 tsk tørret oregano
- 1 (14 1/2 oz.) dåser stuvede tomater
- salt og peber
- 1 kop vand
- 1 (4 oz.) dåser svampestængler og stykker,
- drænet

INSTRUKTIONER:
a) Stil en pande over medium varme. Brun heri pølsen med oksekød i 8 minutter. Kassér fedtet.
b) Rør resten af ingredienserne i. Kog dem til de begynder at koge. Læg låg på og lad dem koge i 15 til 17 minutter.
Server din pastagryde varm. Pynt den med nogle hakkede krydderurter.

74. Kyllingepasta

Giver: 2 portioner
INGREDIENSER:
- ½ (8 ounce) pakke spaghetti
- 2 spsk olivenolie
- 8 blommetomater (blanke) roma (blomme) tomater, halveret og skåret i skiver • 1 tsk hvidløgspulver
- ½ tsk tørret oregano
- 2 tsk tørret basilikum
- 1 knivspids salt
- 1 tsk kværnet sort peber
- 1½ tsk hvidt sukker
- 1 spsk ketchup
- 3 spsk olivenolie
- 2 skindfri, udbenet kyllingebryst, skåret i tynde strimler
- 2 fed hvidløg, knust
- 1 grøn peberfrugt, hakket
- 1 rød peberfrugt, hakket
- 1 rødløg, hakket
- 1 kop friske champignon i skiver
- ¼ kop revet parmesanost

INSTRUKTIONER:

a) Bring en stor gryde vand i kog over høj varme. Rør spaghettien i, og bring det i kog. Kog pastaen til den er kogt igennem, men stadig er fast til biddet, cirka 6-8 minutter. Dræn godt af og hold varmen.

b) Opvarm 2 spsk olie i en stor stegepande over medium varme. Rør tomaterne i; kog indtil de er bløde og begynder at bryde ned. Rør hvidløgspulver, oregano, basilikum, salt, peber, sukker og ketchup i. Varm saucen igennem og gem den.

c) Opvarm de resterende 3 spsk olie i en separat støbejernsgryde over medium varme. Rør kylling i; kog indtil brunet. Rør i knuste hvidløgsfed; kog i yderligere 1 minut.

d) Fjern kyllingen fra stegepanden og reserver. Skru varmen til høj. Rør grøn peber, rød peber, løg og svampe i gryden og steg, indtil de begynder at blive bløde. Rør brunet kylling i. Skru varmen til medium og kog indtil kyllingen ikke længere er lyserød i midten, og grøntsagerne er gennemstegte, cirka 5 minutter.

e) Vend kyllingen og grøntsagerne med tomatsaucen og den varme pasta.

f) Server drysset med parmesanost.

75.Pasta alla Norma Skillet Bage

Gør: 4-6 portioner
INGREDIENSER:
- 12 ounce (340 g) spaghetti
- 2 mellemstore auberginer, skåret i ¼-tommer runde skiver
- 3 spsk olivenolie
- 1 lille løg, finthakket
- 2 fed hvidløg, hakket
- 28-ounce dåse knuste tomater
- 1 spsk rødvinseddike (valgfrit)
- 1 tsk tørret oregano
- ½ tsk rød peberflager (tilpas efter smag)
- Salt og sort peber efter smag
- ¼ kop friske basilikumblade, revet i stykker
- 1½ dl revet mozzarellaost
- ½ kop revet parmesanost eller pecorino
- Olivenolie til smøring

INSTRUKTIONER:
a) Forvarm din ovn til 375°F (190°C).
b) Kog pastaen efter anvisningen på pakken, indtil den er akkurat al dente. Dræn og sæt det til side.
c) Mens pastaen koger, forvarm en grill eller grillpande.
d) Pensl aubergineskiverne med olivenolie og grill dem i cirka 3-4 minutter på hver side, indtil de har grillmærker og er bløde. Stil dem til side.
e) I en stor ovnfast stege varmes en smule olivenolie op over medium-høj varme. Tilsæt det hakkede løg og steg indtil de bliver gennemsigtige, cirka 2-3 minutter.
f) Rør det hakkede hvidløg i og steg i yderligere 1-2 minutter, indtil det dufter.
g) Tilsæt de knuste tomater, rødvinseddike, tørret oregano, rød peberflager, salt og sort peber. Lad saucen simre i cirka 10 minutter for at tykne og udvikle smag.
h) Smid den kogte pasta i gryden med saucen og bland godt.
i) Læg de grillede aubergineskiver over pasta- og sauceblandingen.
j) Drys et lag revet mozzarellaost over aubergine og pasta.
k) Overfør stegepanden til den forvarmede ovn og bag i cirka 20-25 minutter, eller indtil osten er boblende og let gylden.
l) Når stegepanden er ude af ovnen, pyntes den med revne friske basilikumblade og parmesan eller pecorino.
m) Serveres varm, direkte fra gryden.

76.Ziti og Spaghetti med pølse

Gør: 8
INGREDIENSER:
- 1 lb. smuldret italiensk pølse
- 1 kop champignon i skiver
- ½ kop selleri i tern
- 1 hakket løg
- 3 hakkede fed hvidløg
- 42 oz. butikskøbt spaghetti sauce eller hjemmelavet
- Salt og peber efter smag
- ½ tsk oregano
- ½ tsk basilikum
- 1 lb. ukogt ziti pasta
- 1 kop revet mozzarellaost
- ½ kop revet parmesanost
- 3 spsk hakket persille

INSTRUKTIONER:
a) Brun pølse, champignon, løg og selleri i en stegepande i 5 minutter.
b) Herefter tilsættes hvidløget. Kog i yderligere 3 minutter. Fjern fra ligningen.
c) Tilsæt spaghetti sauce, salt, peber, oregano og basilikum til en separat stegepande.
d) Svits saucen i 15 minutter.
e) Tilbered pastaen i en gryde efter pakkens anvisning, mens saucen koger. Dræne.
f) Forvarm ovnen til 350 grader Fahrenheit.
g) Læg ziti, pølseblanding og revet mozzarella i to lag i en bageplade.
h) Drys persille og parmesanost over toppen.
i) Forvarm ovnen til 350°F og bag i 25 minutter.

BUCATINI PASTA

77. One-Pan Bucatini med porrer og citron

Gør: 4
INGREDIENSER:
- 1 til 1 1/2 pund porrer
- 12 ounce bucatini (se bemærkningerne ovenfor)
- 4 fed hvidløg, skåret i tynde skiver
- 1/4 til 1/2 teskefulde røde peberflager
- 2 spiseskefulde ekstra jomfru olivenolie
- Kosher salt
- Friskkværnet sort peber
- 4 1/2 dl vand
- Skal af en citron
- 1/2 kop finthakket persille
- Parmigiano Reggiano, til servering (valgfrit)

INSTRUKTIONER:
a) Start med at trimme rodenden og mørkegrønne dele af hver porre. Skær dem i halve på langs. For at skære porren i lange, tynde strimler, følg denne metode: Placer hver halvdel med snitsiden opad, skær derefter i halve igen, og gentag processen endnu en gang - i det væsentlige deler du porren i ottendedele. De fleste striber skal blive pæne tynde, men det kan være nødvendigt at skære de yderste lag i halve igen, hvis det er nødvendigt. Hvis porrerne er snavsede, så læg dem i blød i en skål med koldt vand, så snavset kan sætte sig. Når de er rene, tager du porrerne ud af skålen.
b) Kombiner porrer, pasta, hvidløg, 1/4 tsk rød peberflager (tilpas til dit foretrukne varmeniveau), olie, 2 tsk kosher salt, friskkværnet sort peber og vand i en stor, ligesidet stegepande, sikre, at bucatinien næsten ligger fladt i gryden.
c) Bring blandingen i kog ved høj varme. Svits blandingen, omrør og vend pastaen ofte med en tang eller en gaffel, indtil pastaen når en al dente konsistens, og vandet næsten er fordampet, hvilket typisk tager omkring 9 minutter.
d) Tilsæt citronskal og persille og rør rundt.
e) Smag retten til med salt (du skal muligvis tilføje yderligere 1/2 tsk kosher salt plus mere for din foretrukne smag), peber og flere røde peberflager, hvis du ønsker yderligere varme. Server eventuelt med parmesan.

78.Tomat Burrata Pasta

Gør: 2-4
INGREDIENSER:
- ½ pund bucatini eller spaghetti pasta
- 3 kopper tomater
- 6 fed hvidløg, hakket
- ¼ kop olivenolie
- ½ tsk tørret basilikum
- ¼ tsk knuste chiliflager
- 8 ounce burrata ost
- Salt og peber efter smag

TIL AT GARNISERE
- 1 bundt frisk basilikum, finthakket
- ¼ tsk knuste chiliflager
- 4 spsk ristede pinjekerner

INSTRUKTIONER
a) Varm olivenolien op i en stor stegepande ved moderat varme.
b) Tilsæt hvidløg, og kog i 1 til 2 minutter, før du tilføjer tørret basilikum og chiliflager.
c) Tilsæt tomaterne og vend dem i olien med et godt nip salt og peber.
d) Kog tomaterne i tyve til femogtyve minutter.
e) Kog pastaen i kogende saltet vand.
f) Når pastaen er færdigkogt, drænes den og straks kommes i gryden.
g) Giv blandingen et par gange mere for at dække pastaen helt.
h) Tag gryden af varmen og tilsæt den friske basilikum.
i) Inkluder så meget burrata ost, som du ønsker, i bidestykker.
j) Top med hakket frisk basilikum og chiliflager.
k) Drys pinjekernerne ud over toppen inden servering.

79.Citronbasilikumpasta med rosenkål

Gør: 8
INGREDIENSER:
- 1 (1-pund) æske, langskåret pasta, såsom bucatini eller fettuccine
- 4 ounce tynde skiver prosciutto, revet
- 3 spsk ekstra jomfru olivenolie
- 1 pund rosenkål, halveret eller i kvarte, hvis den er stor
- Kosher salt og friskkværnet peber
- 2 spsk balsamicoeddike
- 1 jalapeñopeber, frøet og hakket
- 1 spsk friske timianblade
- 1 kop citron basilikum pesto
- 4 ounces gedeost, smuldret
- ⅓ kop revet Manchego ost
- Skal og saft af 1 citron

INSTRUKTIONER:
a) Forvarm ovnen til 375°F.
b) Bring en stor gryde med saltet vand i kog over høj varme. Tilsæt pastaen og kog efter anvisningen på pakken, indtil den er al dente. Reserver 1 kop pastakogevand, og dræn derefter.
c) Læg imens prosciuttoen i et jævnt lag på en bagepapirbeklædt bageplade. Bages indtil de er sprøde, 8 til 10 minutter.
d) Mens pastaen koger og prosciuttoen bager, opvarmes olivenolien i en stor stegepande over medium varme. Når olien skinner, tilsæt rosenkål og kog under omrøring af og til, indtil den er gyldenbrun, 8 til 10 minutter. Smag til med salt og peber. Reducer varmen til medium-lav og tilsæt eddike, jalapeño og timian og kog indtil spirerne er glaserede, 1 til 2 minutter mere.
e) Tag gryden af varmen og tilsæt den drænede pasta, pesto, gedeost, Manchego, citronskal og citronsaft. Tilsæt ca. ¼ kop pastakogevand og rør rundt for at skabe en sauce.
f) Tilsæt 1 spsk mere ad gangen, indtil den ønskede konsistens er nået. Smag til og tilsæt mere salt og peber efter behov.
g) Fordel pastaen jævnt mellem otte skåle eller tallerkener og top hver med sprød prosciutto.

80.En-potte cremet majs bucatini

Gør: 6
INGREDIENSER:
- 4 spsk saltet smør
- 4 aks gul majs, kerner skåret fra kolben
- 2 fed hvidløg, hakket eller revet
- 2 spsk friske timianblade
- 1 jalapeño eller rød Fresno peber, frøet og skåret i tynde skiver
- 2 grønne løg, hakket
- Kosher salt og friskkværnet peber
- 1 (1-pund boks) bucatini
- ½ kop revet parmesanost
- 2 spsk creme fraîche
- ¼ kop friske basilikumblade, groft revet

INSTRUKTIONER:
a) Smelt smørret i en stor hollandsk ovn ved middel varme. Tilsæt majs, hvidløg, timian, jalapeño, grønne løg og en knivspids salt og peber. Kog under omrøring af og til, indtil majsene er gyldne og karamelliserede i kanterne, cirka 5 minutter.

b) Tilsæt 4½ kopper vand, skru op for varmen og bring det i kog. Tilsæt pastaen og smag til med salt. Kog, omrør ofte, indtil det meste af væsken er absorberet, og pastaen er al dente, cirka 10 minutter.

c) Tag gryden af varmen og rør parmesan, crème fraîche og basilikum i. Hvis saucen føles for tyk, tilsæt en skvæt vand for at tynde den ud. Server straks.

ORZO

81.Parmesan Orzo

Gør: 6
INGREDIENSER:
- 1/2 kop smør, delt
- hvidløgspulver efter smag
- 8 perleløg
- salt og peber efter smag
- 1 kop ukogt orzo pasta
- 1/2 kop revet parmesanost
- 1/2 kop friske champignon i skiver
- 1/4 kop frisk persille
- 1 kop vand
- 1/2 kop hvidvin

INSTRUKTIONER:
a) Steg dine løg i halvdelen af smørret, indtil det er brunet, og tilsæt derefter resten af smørret, svampe og orzoen.
b) Fortsæt med at stege alt i 7 minutter.
c) Bland nu vinen og vandet i og kog det hele op.
d) Når blandingen koger, sæt varmen til lav og kog alt i 9 minutter efter tilsætning af peber, salt og hvidløgspulver.
e) Når orzoen er færdig, toppes den med persille og parmesan.

82.Minty Feta og Orzo Salat

Gør: 8
INGREDIENSER:
- 1 1/4 kop orzo pasta
- 1 lille rødløg i tern
- 6 spsk olivenolie, delt
- 1/2 kop finthakkede friske mynteblade
- 3/4 C. tørrede brune linser, skyllet
- 1/2 kop hakket frisk dild
- salt og peber efter smag
- 1/3 kop rødvinseddike
- 3 fed hvidløg, hakket
- 1/2 kop Kalamata oliven, udstenede og hakkede
- 1 1/2 kop smuldret fetaost

INSTRUKTIONER:
a) Kog pastaen efter anvisningen på pakken.
b) Bring en stor saltet gryde med vand i kog. Kog linserne i det, indtil det begynder at koge.
c) Sænk varmen og læg den på låget. Kog linserne i 22 min. Fjern dem fra vandet.
d) Få en lille røreskål: Kom olivenolie, eddike og hvidløg i den. Pisk dem godt sammen til dressingen.
e) Få en stor røreskål: Smid linser, dressing, oliven, fetaost, rødløg, mynte og dild i den med salt og peber.
f) Pak en plastfolie på salatskålen og stil den i køleskabet i 2 t 30 min. Juster salatens krydderi og server den.

83. En-pot tomat Orzo

Gør: 4
INGREDIENSER:
- 1 spsk oliven- eller rapsolie
- 1 rødløg, finthakket
- 2 fed hvidløg, fint revet
- 1 chili, udkernet og finthakket
- 600 g tomater, hakkede
- 400 g orzo
- 800 ml grøntsagsfond
- En håndfuld persille, hakket groft
- Revet parmesan eller et vegetarisk alternativ til servering (valgfrit)

INSTRUKTIONER:
a) Varm olien op i en stor gryde eller stegepande ved middel varme.
b) Svits det hakkede rødløg i 4-6 minutter, indtil det er blødt, men ikke gyldent.
c) Tilsæt revet hvidløg og hakket chili og steg i yderligere et minut for at blive blød.
d) Rør de hakkede tomater i og kog i 5 minutter, indtil de begynder at bryde sammen.
e) Tilsæt orzoen og hæld grøntsagsfonden i.
f) Kog i 8-10 minutter, indtil væsken er reduceret, og orzoen er mør. Hvis det begynder at tørre ud, kan du tilføje et par spiseskefulde vand.
g) Drys tre fjerdedele af den grofthakkede persille i og rør det igennem.
h) Server i skåle, toppet med den resterende persille og evt. en rive parmesan. Nyd din one-pot tomat orzo!

84.Kylling Orzo-gryde

Gør: 4 portioner
INGREDIENSER:
- 2 spsk vegetabilsk olie
- 1 pund udbenet, skindfri kyllingebrysthalvdele, skåret i 1/2-tommers stykker
- 1 kop Orzo (risformet pasta)
- 2 tsk hakket hvidløg
- 2 kopper vand
- 3 dåser Stuvede tomater (14 1/2 oz. hver), udrænede
- 16 ounce cannellinibønner på dåse, skyllet og drænet, ELLER Great Northern bønner, skyllet og drænet
- 1 tsk tørret timian
- 1 tsk salt
- 1/2 tsk sort peber
- 16 ounce Frosne broccolibuketter, optøet

INSTRUKTIONER:
a)   I en stor stegepande opvarmes den vegetabilske olie over medium varme.
b)   Tilsæt kyllingen og brun den i 4-6 minutter.
c)   Tilsæt orzo og hakket hvidløg, og svits i 5-7 minutter, eller indtil orzoen begynder at brune.
d)   Rør vandet, stuvede tomater, bønner, tørret timian, salt og sort peber i.
e)   Dæk til og kog i 15 minutter under omrøring af og til.
f)   Tilsæt broccolien, læg låg på igen, og kog i yderligere 5-10 minutter, eller indtil broccolien og orzoen er møre, og kyllingen ikke længere er lyserød.
g)   Nyd din Chicken Orzo Skillet!

85.Orzo og Portobello gryderet

Gør: 6 portioner

INGREDIENSER:
- 1/4 kop hakkede soltørrede tomater
- 1/4 kop kogende vand
- 1 spsk Olivenolie
- 2 kopper Porrer, skåret i skiver
- 2 kopper Portobello-svampe i tern
- 1 kop friske champignon i kvarte
- 2 fed hvidløg
- 2 kopper Orzo, kogt
- 2 kopper fennikelløg, skåret i skiver
- 2 kopper tomatjuice
- 2 spsk friske basilikumblade, hakket
- 2 spsk balsamicoeddike
- 1 tsk paprika
- 1/8 tsk peber
- Grøntsags madlavningsspray
- 4 ounces Provolone ost, revet
- 1/4 kop revet parmesanost

INSTRUKTIONER:

a) Kom de soltørrede tomater og kogende vand i en lille skål. Dæk til og lad dem stå i cirka 10 minutter, eller indtil tomaterne er bløde. Dræne.

b) Varm olivenolien op i en stor nonstick-gryde over medium varme. Tilsæt tomater, porrer, svampe og hvidløg, og svits i 2 minutter.

c) Kombiner svampeblandingen, kogt orzo og de næste 6 ingredienser (orzo gennem peber) i en stor skål. Sæt til side.

d) Hæld blandingen i en 13 x 9-tommers bageform, der er blevet belagt med madlavningsspray.

e) Bages uden låg ved 400 grader i 25 minutter.

f) Drys provolone og parmesanoste over gryden, og bag i yderligere 5 minutter.

g) Nyd din Orzo og Portobello gryderet!

86. En-Pande Orzo Med Spinat og Feta

Giver: 4 portioner
INGREDIENSER:
- 2 spsk usaltet smør
- 4 store spidskål, trimmet og skåret i tynde skiver
- 2 store fed hvidløg, hakket
- 8 ounce babyspinatblade (8 kopper), groft hakket
- 1 tsk kosher salt
- 1 3/4 kopper lav-natrium kylling eller grøntsagsbouillon
- 1 kop orzo
- 1 tsk fintrevet citronskal (fra 1 citron)
- 3/4 kop smuldret feta (3 ounces), plus mere til pynt
- 1/2 kop frosne ærter, optøet (valgfrit)
- 1 kop hakket frisk dild, eller brug persille eller koriander

INSTRUKTIONER:
a) Opvarm en 10-tommer stegepande over medium varme, og smelt derefter smørret, hvilket skal tage omkring 30 sekunder til 1 minut.
b) Rør omkring tre fjerdedele af spidskålene i, gem nogle af de grønne dele til pynt, og tilsæt det hakkede hvidløg. Kog indtil de er bløde under jævnlig omrøring i cirka 3 minutter.
c) Rør babyspinaten i, tilsæt den i omgange, hvis det hele ikke passer i gryden på én gang, og tilsæt 1/2 tsk salt. Fortsæt med at koge under omrøring af og til, indtil spinaten er visnet, cirka 5 minutter.
d) Rør fonden i og bring det i kog. Tilsæt orzo, citronskal og den resterende 1/2 tsk salt. Dæk til og lad det simre over middel-lav varme, indtil orzoen er næsten gennemstegt, og det meste af væsken er absorberet, hvilket bør tage 10 til 14 minutter, under omrøring en eller to gange.
e) Rør smuldret feta i, og ærter, hvis du har lyst. Tilsæt den hakkede dild, dæk derefter panden og kog i yderligere 1 minut for at afslutte kogningen og varme ærterne.
f) For at servere, drys med mere ost og de reserverede spidskål.
g) Nyd din One-Pan Orzo med spinat og feta!

FARFALLE/SLØBLE

87. Pasta Rustica

Gør: 4

INGREDIENSER:
- 1 lb. farfalle (sløjfe) pasta
- 1 (8 oz.) pakke champignon, skåret i skiver
- 1/3 kop olivenolie
- 1 spsk tørret oregano
- 1 fed hvidløg, hakket
- 1 spsk paprika
- 1/4 kop smør
- salt og peber efter smag
- 2 små zucchinier i kvarte og skåret i skiver
- 1 løg, hakket
- 1 tomat, hakket

INSTRUKTIONER:

a) Kog din pasta i 10 minutter i vand og salt. Fjern overskydende væske og sæt til side.

b) Steg salt, peber, hvidløg, paprika, zucchini, oregano, svampe, løg og tomat i 17 minutter i olivenolie.

c) Bland grøntsager og pasta.

88.Crème Fraiche Kyllingepasta

Gør: 4
INGREDIENSER:
- 1 spsk olivenolie
- 6 kyllingefileter
- ¼ kop hvidvin
- ¼ kop hønsebouillon
- Salt og peber efter smag
- 8 oz. butterfly pasta
- 2 spsk hakkede skalotteløg
- 3 hakkede fed hvidløg
- 1 kop champignon i skiver
- 2 kopper creme fraiche
- 1/3 kop revet parmesanost
- 2 spsk hakket persille

INSTRUKTIONER:
a) Varm olien op i en stor gryde.
b) Brun kyllingen i 5 minutter.
c) Hæld vin og bouillon i og smag til med salt og peber.
d) Lad det simre i 20 minutter.
e) Mens kyllingen simrer, koges pastaen i en gryde med saltet vand i 10 minutter og hældes af. Sæt til side.
f) Brug en tang til at overføre kyllingen til et fad og skær kyllingen i tern.
g) Tilsæt løg, hvidløg og svampe i gryden og svits i 5 minutter.
h) Kom kyllingen i tern tilbage i gryden og rør creme fraiche i.
i) Lad det simre i 5 minutter.
j) Læg pastaen i en serveringsskål og hæld saucen over pastaen.
k) Top med parmesanost og hakket persille.

89. Kyllingemørd og Farfallesalat

Gør: 6
INGREDIENSER:
- 6 æg
- 3 grønne løg, skåret i tynde skiver
- 1 (16 oz.) pakke farfalle (sløjfe) Pasta
- 1/2 rødløg, hakket
- 1/2 (16 oz.) flaske italiensk salat
- 6 kyllingemøre

Forbinding
- 1 agurk, skåret i skiver
- 4 romainesalathjerter, skåret i tynde skiver
- 1 bundt radiser, skåret og skåret i skiver
- 2 gulerødder, skrællet og skåret i skiver

INSTRUKTIONER:
a) Læg æggene i en stor gryde og dæk dem med vand. Kog æggene ved middel varme, indtil de begynder at koge.
b) Sluk for varmen og lad æggene trække i 16 min. Skyl æggene med lidt koldt vand, så de mister varmen.
c) Pil æggene og skær dem i skiver og læg dem til side.
d) Læg kyllingemørne i en stor gryde. Dæk dem med 1/4 kop vand. Kog dem ved middel varme til kyllingen er færdig.
e) Dræn kyllingemørne og skær dem i små stykker.
f) Få en stor røreskål: Smid pasta, kylling, æg, agurk, radiser, gulerødder, grønne løg og rødløg i den. Tilsæt den italienske dressing og bland dem igen.
g) Stil salaten i køleskabet i 1 t 15 min.
h) Læg salathjerter på serveringsfade. Fordel salaten mellem dem.

90.Makaroni Seafood Salat

Gør: 12
INGREDIENSER:
- 16 oz. farfalle pasta
- 3 hakkede hårdkogte æg
- 2 hakkede selleristænger
- 6 oz., kogte små rejer
- ½ kop ægte krabbekød
- Salt og peber efter smag

Forbinding:
- 1 kop mayonnaise
- ½ tsk paprika
- 2 tsk citronsaft

INSTRUKTIONER:
a) Kog pastaen i en gryde med saltet kogende vand i 10 minutter. Dræne.
b) Overfør pastaen til en stor skål og rør de resterende salatingredienser i.
c) ingredienserne til dressingen og bland med salaten.
d) Dæk til og stil på køl i 1 time.

91.Pastabag med butternut og Chard

Ingredienser : _
- 3 kopper ukogt butterflypasta
- 2 kopper fedtfri ricottaost
- 4 store æg
- 3 kopper frosne butternut squash i tern, optøet og delt
- 1 tsk tørret timian
- 1/2 tsk salt, delt
- 1/4 tsk stødt muskatnød
- 1 kop grofthakkede skalotteløg
- 1-1/2 kopper hakket mangold, stilke fjernet
- 2 spsk olivenolie
- 1-1/2 kopper panko brødkrummer
- 1/3 kop grofthakket frisk persille
- 1/4 tsk hvidløgspulver

INSTRUKTIONER:

a) Forvarm ovnen til 375°. Kog pasta efter pakkens anvisninger for al dente; dræne. Læg i mellemtiden ricotta, æg, 1-1/2 dl squash, timian, 1/4 tsk salt og muskatnød i en foodprocessor; bearbejde indtil glat. Hæld i en stor skål.

b) Rør pasta, skalotteløg, mangold og resterende squash i. Overfør til en smurt 13x9-in. bage fad.

c) I en stor stegepande opvarmes olien over medium-høj varme. Tilsæt brødkrummer; kog og rør indtil gyldenbrun, 2-3 minutter. Rør persille, hvidløgspulver og resterende 1/4 tsk salt i. Drys over pastablandingen.

d) Bages, uden låg, indtil stivnet og toppingen er gyldenbrun, 30-35 minutter.

LASAGNA

92.Spansk lasagne

Gør: 12
INGREDIENSER:
- 4 C. dåse hakkede tomater
- 1 (32 oz.) beholder ricottaost
- 1 (7 oz.) dåse grøn chili i terninger
- 4 æg, let pisket
- 1 (4 oz.) dåse jalapenopeber i tern
- 1 (16 oz.) pakke revet fire osteblanding i mexicansk stil
- 1 løg, i tern
- 3 fed hvidløg, hakket
- 1 (8 oz.) pakke no-cook lasagne pasta
- 10 kviste frisk koriander, hakket
- 2 spsk stødt spidskommen
- 2 lbs. chorizo pølse

INSTRUKTIONER:
a) Kog følgende i 2 minutter, og lad det derefter simre ved lav temperatur i 55 minutter: koriander, tomater, spidskommen, grønne chili, hvidløg, løg og jalapenos.
b) Tag en skål, bland sammenpisket æg og ricotta.
c) Indstil din ovn til 350 grader inden du fortsætter.
d) Steg dine chorizos. Fjern derefter overskydende olie og smuldr kødet.
e) I din bageform, læg et let dække af sauce og lag derefter: pølse, 1/2 af din sauce, 1/2 revet ost, lasagnepasta, ricotta, mere pasta, al den resterende sauce og mere revet ost.
f) Beklæd noget folie med nonstick-spray, og dæk lasagnen. Kog i 30 minutter tildækket og 15 minutter uden låg.

93.Græskar- og salvielasagne med fontina

Gør: 8 TIL 10
INGREDIENSER:
- 2 teskefulde ekstra jomfru olivenolie, plus mere til smøring
- 1 (14-ounce) dåse græskarpuré
- 2 kopper sødmælk
- 2 tsk tørret oregano
- 2 tsk tørret basilikum
- ¼ tsk frisk revet muskatnød
- ¼ tsk knuste røde peberflager
- Kosher salt og friskkværnet peber
- 16 ounce sødmælksricottaost
- 2 fed hvidløg, revet
- 1 spsk hakkede friske salvieblade plus 8 hele blade
- 2 spsk hakket frisk persille
- 1 (12 ounce) æske kogende lasagnepasta
- 1 (12-ounce) krukke ristede røde peberfrugter, drænet og hakket
- 3 kopper revet fontina ost
- 1 kop revet parmesanost
- 12 til 16 stykker tyndt skåret pepperoni (valgfrit)

INSTRUKTIONER:
a) Forvarm ovnen til 375°F. Smør en 9 × 13-tommer bradepande.
b) I en mellemstor skål piskes græskar, mælk, oregano, basilikum, muskatnød, rød peberflager og en knivspids salt og peber sammen. Kombiner ricotta, hvidløg, hakket salvie og persille i en separat medium skål og smag til med salt og peber.
c) Fordel en fjerdedel af græskarsaucen (ca. 1 kop) i bunden af den tilberedte bageform. Tilføj 3 eller 4 lasagneplader, knæk dem efter behov, så de passer. Det er i orden, hvis pladerne ikke dækker saucen helt. Læg halvdelen af ricottablandingen i lag, halvdelen af de røde peberfrugter og derefter 1 kop fontina. Tilsæt endnu en fjerdedel af græskarsaucen, og læg 3 eller 4 lasagnepasta ovenpå. Læg lag på den resterende ricottablanding, de resterende røde peberfrugter, 1 kop fontina og derefter endnu en fjerdedel af græskarsaucen. Tilsæt den resterende lasagnepasta og den resterende græskarsauce. Drys den resterende 1 kop fontina på toppen og derefter parmesanosten. Top med pepperoni (hvis du bruger)
d) I en lille skål, smid de hele salvieblade i de 2 tsk olivenolie. Anret ovenpå lasagnen.
e) Dæk lasagnen med folie og bag i 45 minutter. Øg varmen til 425 ° F, fjern folien og bag indtil osten bobler, cirka 10 minutter mere. Lad lasagnen stå i 10 minutter. Tjene. Opbevar eventuelle rester på køl i en lufttæt beholder i op til 3 dage.

94.Indlæst Pasta Shells Lasagne

INGREDIENSER : _
- 4 kopper revet mozzarellaost
- 1 karton (15 ounce) ricottaost
- 1 pakke (10 ounce) frossen hakket spinat, optøet og presset tør
- 1 pakke (12 ounce) jumbo pastaskaller, kogt og drænet
- 3-1/2 dl spaghetti sauce
- Revet parmesanost, valgfrit

INSTRUKTIONER:
a) Forvarm ovnen til 350°. Kombiner oste og spinat; fyld i skaller. Arranger i en smurt 13x9-in. bage fad. Hæld spaghetti sauce over skallerne. Dæk til og bag indtil gennemvarmet, cirka 30 minutter.
b) Hvis det ønskes, drys med parmesanost efter bagning.

95.Kylling Lasagne

Gør: 6
INGREDIENSER:
- 6 ukogte lasagnepasta, kogt
- 1 kop revet kogt kylling
- 1 spsk olivenolie
- ½ lb. hakkede svampe
- 1 hakket rød peberfrugt
- 1 hakket lille løg
- 3 hakkede fed hvidløg
- ¼ kop hønsebouillon
- 8 oz., flødeost
- ½ tsk oregano
- Salt og peber efter smag
- 2 kopper revet mozzarellaost
- 3 kopper tomatsauce

INSTRUKTIONER:
a) Forvarm ovnen til 350 grader F.
b) Varm olivenolien op i en gryde og svits champignon, peberfrugt, løg og hvidløg i 5 minutter.
c) Kombiner den strimlede kylling, bouillon, flødeost, svampe, peberfrugt, løg, hvidløg og oregano i en skål.
d) Rør 1 kop mozzarellaost i og smag til med salt og peber.
e) Hæld 1 kop tomatsauce i en 9x13 bradepande.
f) Lav tre lag lasagnepasta, kyllingeblanding og tomatsauce.
g) Top med den resterende kop revet mozzarellaost.
h) Bages i 45 minutter.

96.Sydvestlig Lasagne

Gør: 6

INGREDIENSER:
- 2 spsk olivenolie
- 1 hakket løg
- 1½ kopper revet cheddarost
- 1 spsk hakket jalapenopeber
- 4 hakkede fed hvidløg
- 3 kopper varmt pølsekød
- ½ kop picante sauce
- 1 tsk italiensk krydderi eller efter smag
- 4 kopper tomatsauce
- 2 kopper revet Pepper Jack ost
- 15 majstortillas

INSTRUKTIONER:
a) Forvarm din ovn til 350 grader F.
b) Varm olivenolien op i en stor gryde.
c) Svits hvidløg, jalapenopeber og løg i 5 minutter.
d) Tilsæt pølsekødet og smag til med det italienske krydderi.
e) Rør tomatsaucen og picantesaucen i.
f) Bland alle ingredienser godt sammen.
g) Dæk gryden til og lad det simre i 15 minutter.
h) Beklæd en 9x13 bradepande med non-stick spray.
i) Læg bageformen i lag med 1 tortilla, et lag pølse og sauce og et lag pepperjackost.
j) Opret yderligere 2 lag.
k) Top det tredje lag med cheddarost.
l) Bages i 45 minutter.

97.Klassisk lasagne

Gør: 8
INGREDIENSER:
- 1 1/2 lbs. magert hakkekød
- 2 æg, pisket
- 1 løg, i tern
- 1 pint delvis skummet ricottaost
- 2 fed hvidløg, hakket
- 1/2 kop revet parmesanost
- 1 spsk frisk basilikum i tern
- 2 spsk tørret persille
- 1 tsk tørret oregano
- 1 tsk salt
- 2 spsk brun farin
- 1 lb. mozzarellaost, revet
- 1 1/2 tsk salt
- 2 spsk revet parmesanost
- 1 (29 oz.) dåse tomater i tern
- 2 (6 oz.) dåser tomatpure
- 12 tør lasagnepasta

INSTRUKTIONER:

a) Steg hvidløg, løg og oksekød i 3 minutter, og kom derefter tomatpure, basilikum, hakkede tomater, oregano, 1,5 tsk salt og brun farin i.

b) Indstil nu din ovn til 375 grader, før du gør noget andet.

c) Begynd at koge din pasta i vand og salt i 9 minutter og fjern derefter alle væsker.

d) Tag en skål, kom 1 tsk salt, æg, persille, ricotta og parmesan sammen.

e) Læg en tredjedel af pastaen i en ildfast fad og top det hele med halvdelen af osteblandingen, en tredjedel af saucen og 1/2 af mozzarellaen.

f) Fortsæt med at lægge lag på denne måde, indtil alle ingredienserne er brugt op.

g) Top så det hele med lidt mere parmesan.

h) Bag lasagnen i ovnen i 35 minutter.

98. Saucy Lasagne

Gør: 4
INGREDIENSER:
- 1 ½ lb. smuldret krydret italiensk pølse
- 5 kopper købt spaghetti sauce
- 1 kop tomatsauce
- 1 tsk italiensk krydderi
- ½ kop rødvin
- 1 spiseskefuld sukker
- 1 spiseskefuld olie
- 5 hakkede hvidløgshandsker
- 1 hakket løg
- 1 kop revet mozzarellaost
- 1 kop revet provolone ost
- 2 kopper ricottaost
- 1 kop hytteost
- 2 store æg
- ¼ kop mælk
- 9 lasagne pasta – parboil udg
- ¼ kop revet parmesanost

INSTRUKTIONER:
a) Forvarm ovnen til 375 grader Fahrenheit.
b) Brun den smuldrede pølse i en stegepande i 5 minutter. Alt fedt skal kasseres.
c) I en stor gryde kombineres pastasauce, tomatsauce, italiensk krydderi, rødvin og sukker og blandes grundigt.
d) Varm olivenolien op i en stegepande. Svits derefter hvidløg og løg i 5 minutter.
e) Kom pølse, hvidløg og løg i saucen.
f) Dæk derefter gryden til og lad det simre i 45 minutter.
g) Kombiner mozzarella- og provolone-ostene i en blandeskål.
h) Kombiner ricotta, hytteost, æg og mælk i en separat skål.
i) I en 9 x 13 bageform hældes 12 kopper sauce i bunden af fadet.
j) Arranger nu lasagne, sauce, ricotta og mozzarella i ovnfadet i tre lag.
k) Fordel parmesanost over toppen.
l) Bages i et overdækket fad i 30 minutter.
m) Bages i yderligere 15 minutter, efter at fadet er afdækket.

99.Ratatouille lasagne

Gør: 8-10
INGREDIENSER:
- Æggedej
- Ekstra jomfru oliven olie
- 3 fed hvidløg, hakket
- 1 kop (237 ml) rødvin
- 2 (28-oz. [794-g]) dåser knust tomater
- 1 bundt basilikum
- Kosher salt
- Friskkværnet sort peber
- Olivenolie
- 1 aubergine, skrællet og skåret i små tern
- 1 grøn zucchini i små tern
- 1 sommersquash i små tern
- 2 tomater i små tern
- 4 fed hvidløg, skåret i skiver
- 1 rødløg, skåret i tynde skiver
- Kosher salt
- Friskkværnet sort peber
- 3 kopper (390 g) revet mozzarella

INSTRUKTIONER:

a) Forvarm ovnen til 350°F (177°C) og bring en stor gryde med saltet vand i kog.

b) Drys to plader med semuljemel. For at lave pastaen skal du rulle dejen ud, indtil arket er omkring 1,6 mm tykt.

c) Skær de udrullede ark i 12-tommer (30-cm) sektioner og læg dem på ark pander, indtil du har omkring 20 ark. Arbejd i partier, slip arkene i det kogende vand og kog indtil de er lige bøjelige, cirka 1 minut. Læg på køkkenrulle og dup tør.

d) For at lave saucen, i en gryde ved medium varme, tilsæt den ekstra jomfru olivenolie, hvidløg og sauter i cirka et minut, eller indtil den er gennemsigtig. Tilsæt rødvinen og lad den reducere til det halve. Tilsæt herefter de knuste tomater, basilikum samt salt og peber. Lad det simre ved lav temperatur i cirka 30 minutter.

e) For at lave fyldet, tilsæt i en stor sauterpande ved høj varme et skvæt olivenolie, aubergine, zucchini, squash, tomater, hvidløg og rødløg. Smag til med salt og friskkværnet sort peber.

f) Sæt saucen på bunden af en 9 × 13-tommer (22,9 × 33-cm) bradepande for at samle den. Læg pastapladerne ned, overlappende dem lidt og dækker bunden af fadet. Tilsæt ratatouille jævnt over pastapladerne og drys mozzarella over toppen. Tilføj det næste lag pastaplader i den modsatte vejledning og gentag disse lag, indtil du når toppen eller alt fyldet er brugt. Hæld lidt sauce jævnt over den øverste plade og drys med mere mozzarella.

g) Sæt lasagnen i ovnen og steg i cirka 45 minutter til 1 time. Lad den køle af i cirka 10 minutter, inden den skæres og serveres.

100.Pepperoni Lasagne

Gør: 12
INGREDIENSER:
- 3/4 lb. hakket oksekød
- 1/4 tsk kværnet sort peber
- 1/2 lb. salami, hakket
- 9 lasagne pasta
- 1/2 lb. pepperonipølse, hakket
- 4 C. revet mozzarellaost
- 1 løg, hakket
- 2 C. hytteost
- 2 (14,5 oz.) dåser stuvede tomater
- 9 skiver hvid amerikansk ost
- 16 oz. tomatsovs
- revet parmesanost
- 6 oz. tomatpuré
- 1 tsk hvidløgspulver
- 1 tsk tørret oregano
- 1/2 tsk salt

INSTRUKTIONER:
a) Steg din pepperoni, oksekød, løg og salami i 10 minutter. Fjern overskydende olie. Kom alt i din slow cooker på lavt med lidt peber, tomatsauce og pasta, salt, stuvede tomater, oregano og hvidløgspulver i 2 timer.
b) Tænd din ovn på 350 grader inden du fortsætter.
c) Kog din lasagne i saltvand, indtil den er al dente i 10 minutter, og fjern derefter alt vand.
d) I din bageform, læg et let dække af sauce og lag derefter: 1/3 laqsagna, 1 1/4 kop mozzarella, 2/3 C. hytteost, amerikanske osteskiver, 4 spsk parmesan, 1/3 kød. Fortsæt til fadet er fyldt.
e) Kog i 30 minutter.

101.Slow Cooker Lasagne

Gør: 8
INGREDIENSER:
- 1 lb. hakket oksekød
- ½ lb. smuldret italiensk krydret pølsekød
- 1 hakket løg
- 3 hakkede fed hvidløg
- 1 kop champignon i skiver
- 3 kopper tomatsauce – hjemmelavet er godt, og krukke er fint
- 1 kop vand
- 8 oz. tomatpuré
- 1 tsk italiensk krydderi
- 12 oz. ovnklar lasagnepasta (ikke den almindelige slags)
- 1 ¼ kopper ricottaost
- ½ kop revet parmesanost
- 2 kopper revet mozzarellaost
- 1 ekstra kop revet mozzarellaost

INSTRUKTIONER:
a) Brun oksekød, pølse, løg, hvidløg og svampe i en stor stegepande i 5 minutter.
b) Dræn eventuelt fedtstof.
c) Rør saucen, vand, tomatpure, italiensk krydderi i, og bland det godt sammen.
d) Lad det simre i 5 minutter.
e) Kombiner ricotta, parmesan og 2 kopper mozzarellaost i en skål.
f) Lav lag (2 til 3) af kød, sauce, dobbelt lag lasagne (bræk dem i to) og osteblanding.
g) Top med 1 kop revet mozzarellaost.
h) Kog i 4 timer ved lav temperatur.

KONKLUSION

Når vi afslutter vores rejse gennem "Vi mestrer kunsten at lave pasta i en stegepande", håber vi, at du ikke kun har opdaget glæderne ved nem madlavning, men også mestret kunsten at skabe lækre pastaretter med lethed. Pastatilberedning med én gryde tilbyder bekvemmeligheden ved minimal oprydning, mens den leverer maksimal smag.

Vi opfordrer dig til at fortsætte din udforskning af pastaopskrifter på én pande, eksperimentere med nye ingredienser og dele dine kreationer uden besvær med familie og venner. Hver ret, du tilbereder, er et bevis på dine kulinariske færdigheder og din evne til at strømline madlavningsprocessen.

Tak, fordi du var med på dette problemfri eventyr. Vi stoler på, at den viden og de færdigheder, du har opnået, vil fortsætte med at forbedre din kulinariske rejse, hvilket gør madlavning til en fornøjelig og effektiv oplevelse. God madlavning, en pande ad gangen!

www.ingramcontent.com/pod-product-compliance
Lightning Source LLC
Chambersburg PA
CBHW071319110526
44591CB00010B/948